새로운 도서,
다양한 자료
동양북스
홈페이지에서
만나보세요!

www.dongyangbooks.com
m.dongyangbooks.com

※ 학습자료 및 MP3 제공 여부는 도서마다 상이하므로 확인 후 이용 바랍니다.

홈페이지 도서 자료실에서 학습자료 및 MP3 무료 다운로드

PC

❶ 홈페이지 접속 후 도서 자료실 클릭
❷ 하단 검색 창에 검색어 입력
❸ MP3, 정답과 해설, 부가자료 등 첨부파일 다운로드

＊ 원하는 자료가 없는 경우 '요청하기' 클릭!

MOBILE

＊ 반드시 '인터넷, Safari, Chrome' App을 이용하여 홈페이지에 접속해주세요. (네이버, 다음 App 이용 시 첨부파일의 확장자명이 변경되어 저장되는 오류가 발생할 수 있습니다.)

❶ 홈페이지 접속 후 ☰ 터치

❷ 도서 자료실 터치

❸ 하단 검색창에 검색어 입력
❹ MP3, 정답과 해설, 부가자료 등 첨부파일 다운로드

＊ 압축 해제 방법은 '다운로드 Tip' 참고

| 일본어뱅크 |

두 권으로 끝내는 기초 일본어

좋아요 일본어

감영희 · 미우라 마사요 · 사이키 가쓰히로 · 사쿠마 시로
성해준 · 아오키 히로유키 · 정태준 · 한탁철 지음

上

동양북스

| 일본어뱅크 |

두 권으로 끝내는 기초 일본어

좋아요
일본어 上

초판 4쇄 | 2023년 9월 10일

지은이 | 감영희, 미우라 마사요, 사이키 가쓰히로, 사쿠마 시로, 성해준, 아오키 히로유키, 정태준, 한탁철
발행인 | 김태웅
책임 편집 | 길혜진, 이선민
일러스트 | 임은정
디자인 | 남은혜, 김지혜
마케팅 | 나재승
제 작 | 현대순

발행처 | (주)동양북스
등 록 | 제 2014-000055호
주 소 | 서울시 마포구 동교로22길 14 (04030)
구입문의 | 전화 (02)337-1737   팩스 (02)334-6624
내용문의 | 전화 (02)337-1762   dybooks2@gmail.com

ISBN 979-11-5768-476-2 14730
      979-11-5768-475-5 (세트)

이 도서의 국립중앙도서관 출판예정도서목록(CIP)은 서지정보유통지원시스템 홈페이지(http://seoji.nl.go.kr)와 국가자료공동목록시스템 (http://www.nl.go.kr/ kolisnet)에서 이용하실 수 있습니다.
(CIP제어번호:CIP2019000299)

머리말

일본어는 한국인에게 배우기 쉬운 외국어로 알려져 있습니다. 그것은 양국의 언어가 같은 우랄·알타이어족으로 어순이 같고 문법이나 어휘적 측면에서 비슷한 부분이 많기 때문일 것입니다. 또한 음성학적으로도 몇 가지 발음체계 자체의 상이함이나 한국어에는 없는 발음도 있지만, 일본어 발음에 필요한 요소들 대부분은 한국인 학습자들에게 그다지 어렵지 않을 것이라는 판단 때문입니다.

본 교재는 그러한 측면에서 '일본어를 학습하는 데 있어 한국인 학습자가 지닌 장점'을 최대한 활용할 수 있도록 노력하였습니다. 그를 위해 때로는 공부하기 어려운 부분들을 생략하기도 했습니다.

예를 들면 다음과 같은 경우입니다. 'おいしい(맛있다)'라는 형용사가 있습니다. 일반적인 교재에서는 형용사의 기본활용 부분에서 다음 네 가지 활용 형태를 제시합니다. 'おいしいです(맛있습니다)', 'おいしく ありません(맛있지 않습니다)', 'おいしかったです(맛있었습니다)', 'おいしく ありませんでした(맛있지 않았습니다)'가 그것입니다. 그런데 본 교재에서는 가장 기본적이고도 사용 빈도가 높은 'おいしいです'와 'おいしくありません'만을 제시합니다. 즉 "쉽고 재미있게 공부하자"는 자세가 본 교재의 기본 취지이기 때문입니다.

그러면 '심화학습을 기대하기 어렵다'는 불만이 나올 수 있습니다. 하지만 저자 일동은 문법사항을 총망라하는 것보다 비교적 이해하기 쉽고 사용에 편리한 내용을 우선 도입함으로써, 학습자의 마음을 편히 하고 재미있는 학습을 유도하여 성취감을 얻을 수 있다는 점에 보다 중점을 두었습니다. 기초 단계에서부터 어려운 벽에 부딪혀 중도에 포기하고 마는 안타까운 일이 있어서는 안 되기 때문입니다. 저자 일동은 학습자들이 본 교재를 통해 '일본어는 정말 쉽고 재미있다'는 생각을 하게 되기를 진정으로 바랍니다.

외국어 학습이란 긴 여행과도 같습니다. 아무리 뛰어난 교재라 할지라도 긴 여행에 필요한 모든 것을 갖추기란 어려운 일입니다. 본 교재는 일본어 학습 여행을 처음 시작하는 데에 필요한 최소한의 내용을 가장 알차게 다룸으로써, 실패하는 학습자가 생기지 않도록 세심한 주의를 기울여 구성하였습니다. 본 교재와 함께 일본어 학습이라는 긴 여행을 떠난다면, 금방 멈추고 가던 길을 되돌아서는 일은 결코 없을 것임을 확신합니다.

부디 학습자 여러분의 일본어 학습에 도움이 되는 좋은 교재가 되기를 희망하며, 좋은 성과가 있기를 기원합니다.

감사합니다.

2019년 1월 저자 일동

이 책의 구성과 특징

1과부터 3과까지는 일본어의 문자와 발음 그리고 기본 인사말을 익힙니다.
이 과정을 통해 기초를 튼튼히 한 후에 문법, 회화 학습을 시작합니다. 4과 이후의 과별 구성은 다음과 같습니다.

1. 단원소개

각 과의 제목과 해당 과에서 학습하게
될 주요 내용을 간략하게 소개한다.

2. 회화

각 과에서 학습할 모든 사항이 집약된
메인 회화문이다. 먼저 읽기와 뜻 파악
에 도전해 보고, 문법 사항들을 학습한
후에 다시 한 번 도전해 봄으로써 학습
자 스스로 향상된 실력을 점검해 볼 수
있다.

3. 학습 포인트

각 과에서 학습할 문법을 항목별로 자
세하게 다루었다. 특히 각 항목마다 제
공되는 풍부한 예문은 이해도를 높여
학습 동기 부여에 큰 도움이 된다.

4. 연습

'학습 포인트'에서 익힌 내용을 '공란을
채워 문장 완성하기' 등의 방법을 이용
해 연습함으로써 핵심 내용을 확실하
게 자기 것으로 만들 수 있도록 했다.

5. 회화연습

주어진 질문에 대답하는 형식이다. 대
답은 정답이 있는 것이 아니라 학습자
의 상황에 맞는 대답을 하는 형식이어
서 강의실에서 다양한 상황을 연출할
수 있다. 이는 학습자의 수업 참여도에
큰 이점으로 작용할 것으로 기대된다.

6. 응용 연습

질문과 대답 모두 학습자가 스스로 선택할 수 있는 형식을 취한다. 따라서 각 과의 학습 내용을 이용해 학습자와 학습자 사이의 의사소통이 가능하도록 고안된 고도의 학습법이다. 학습자는 다양한 상황을 연상하면서 새로운 표현에 도전하고 성공하면서 학습 성취도를 만끽할 수 있다.

7. 읽기 연습

각 과에서 학습한 내용이 집약된 비교적 긴 문장을 읽고 해석해 봄으로써 지금까지 학습한 내용을 되새김하는 시간을 제공한다. 얼마나 정확한 해석이 가능한지 측정해 보고, 특히 읽을 때는 처음부터 끝까지 틀리지 않고 읽을 수 있도록 도전해 보는 것도 좋은 효과를 낼 수 있다.

8. 쓰기 연습

주어진 한글 문장을 일본어로 옮겨 보는 연습, 즉 작문 연습이다. 이는 말하기 연습과 같은 효과를 낼 수 있어서 '읽기 연습'과 더불어 각 과의 최종 정리 시간이 된다.

9. JLPT에 도전!

각종 시험에서 나올 수 있는 문제 형식을 이용해 각 과에서 학습한 내용도 점검하고 JPT, JLPT 등 대표적인 일본어 능력시험의 문제 형식에도 익숙해질 수 있어서 일거양득의 효과를 기대할 수 있다.

* 생활 어휘

각 과와 관련된 기본 어휘들을 사진 자료와 함께 제공한다.

* 일본 문화탐방

일본을 이해하는 기초 자료와 관련 이미지를 함께 제공한다. 언어는 문화에서 나오는 만큼 문화를 이해하는 힘은 일본어 능력 향상에도 큰 도움이 될 것이다.

히라가나와 발음 1

point

【히라가나】

일본어의 문장은 '히라가나(平仮名)'와 '가타카나(片仮名)', 그리고 '한자(漢字)', 이 세 가지
문자로 구성됩니다. 그 중에서 '히라가나'는 가장 많이 사용되는 표음문자이므로 1과에서는
이를 기본 발음과 함께 공부하도록 합니다. '히라가나'와 '가타카나'를 합쳐서 '가나(仮名)'라
고 하는데 '가나'의 기본 발음이 정리된 50음도가 있습니다. 거기에 나와 있는 46개 히라가
나를 먼저 공부합니다.

일본어 문장에서 가장 많이 사용되는 '히라가나'를 순서에 맞춰 표로 만든 '히라가나 50음도'입니다. '행'과 '단'을 확인하면서 익히기 바랍니다. 사전을 찾을 때도 이 순서를 따릅니다.

Track 1-01-01

	あ단	い단	う단	え단	お단
あ행	あ [a]	い [i]	う [u]	え [e]	お [o]
か행	か [ka]	き [ki]	く [ku]	け [ke]	こ [ko]
さ행	さ [sa]	し [shi]	す [su]	せ [se]	そ [so]
た행	た [ta]	ち [chi]	つ [tsu]	て [te]	と [to]
な행	な [na]	に [ni]	ぬ [nu]	ね [ne]	の [no]
は행	は [ha]	ひ [hi]	ふ [hu]	へ [he]	ほ [ho]
ま행	ま [ma]	み [mi]	む [mu]	め [me]	も [mo]
や행	や [ya]		ゆ [yu]		よ [yo]
ら행	ら [ra]	り [ri]	る [ru]	れ [re]	ろ [ro]
わ행	わ [wa]				を [o]
ん	ん [N]				

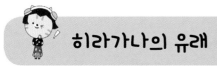

'히라가나'는 한자 초서체에서 유래된 문자입니다. 고대에는 한자로 발음을 표기하는 방식인 '만요가나 (万葉仮名)'를 사용했는데 '만요가나'를 흘려 쓰면서 조금씩 현재의 히라가나 형태로 다듬어져 왔습니다. (예 太 → 太 → た) 가타카나에 비해 곡선이 많고 부드러운 느낌이 특징입니다.

あ	安	い	以	う	宇	え	衣	お	於
か	加	き	幾	く	久	け	計	こ	己
さ	左	し	之	す	寸	せ	世	そ	曽
た	太	ち	知	つ	川	て	天	と	止
な	奈	に	仁	ぬ	奴	ね	祢	の	乃
は	波	ひ	比	ふ	不	へ	部	ほ	保
ま	末	み	美	む	武	め	女	も	毛
や	也			ゆ	由			よ	与
ら	良	り	利	る	留	れ	礼	ろ	呂
わ	和	(ゐ	為)			(ゑ	恵)	を	遠
ん	无								

あ행 일본어의 다섯 가지 모음. 발음은 '아/이/우/에/오'에 가깝다. 단, 'う'는 '우'와 '으'의 중간 정도로 발음된다.

Track 1-01-02

あ [a]	い [i]	う [u]	え [e]	お [o]

あい[ai] 사랑   いえ[ie] 집   うえ[ue] 위   えい[ei] 가오리   あお[ao] 파랑

[쓰기 연습]

あ	い	う	え	お
あ　あ	い　い	う　う	え　え	お　お
あ　あ	い　い	う　う	え　え	お　お
あい	いえ	うえ	えい	あお

12

か행 'ㄱ/ㅋ/ㄲ' + 모음에 가깝다. 첫째 음절에서는 'ㄱ'에 가깝고, 둘째 음절 이후는 'ㅋ'이나 'ㄲ'에 가깝게 발음된다.

Track 1-01-03

か	き	く	け	こ
[ka]	[ki]	[ku]	[ke]	[ko]

かお[kao] 얼굴　かき[kaki] 감　きく[kiku] 국화　いけ[ike] 연못　こい[koi] 잉어

[쓰기 연습]

か	き	く	け	こ
か　か	き　き	く　く	け　け	こ　こ
か　か	き　き	く　く	け　け	こ　こ
かお	かき	きく	いけ	こい

さ 행

'ㅅ' + 모음에 가깝다. 'し'는 영어처럼 [si]로 발음하지 않고 한국어의 '시'와 비슷하게 발음한다.

 Track 1-01-04

さ	し	す	せ	そ
[sa]	[shi]	[su]	[se]	[so]

さけ[sake] 술   しか[shika] 사슴   すし[sushi] 초밥   せき[seki] 자리   うそ[uso] 거짓말

[쓰기 연습]

さ	し	す	せ	そ
さ　さ	し　し	す　す	せ　せ	そ　そ
さ　さ	し　し	す　す	せ　せ	そ　そ
さけ	しか	すし	せき	うそ

14

た 행 　'ㄷ/ㅌ/ㄸ' + 모음에 가깝다. 첫째 음절에서는 'ㄷ'에 가깝고, 둘째 음절 이후는 'ㅌ'이나 'ㄸ'에 가깝게 발음된다. 단, 불규칙적인 발음 체계를 가지고 있어 'ち'는 '지/치/찌'에 가까운 발음이고, 'つ'는 '쓰'와 '츠'의 중간 정도로 발음된다.

🎵 Track 1-01-05

た	ち	つ	て	と
[ta]	[chi]	[tsu]	[te]	[to]

たこ[tako] 문어　くち[kuchi] 입　つき[tsuki] 달　たて[tate] 세로　とし[toshi] 나이

[쓰기 연습]

た	ち	つ	て	と
た　た	ち　ち	つ　つ	て　て	と　と
た　た	ち　ち	つ　つ	て　て	と　と
たこ	くち	つき	たて	とし

な행

'ㄴ'＋모음에 가깝다.

Track 1-01-06

な [na]	に [ni]	ぬ [nu]	ね [ne]	の [no]

なつ[natsu] 여름　かに[kani] 게　いぬ[inu] 개　ねこ[neko] 고양이　つの[tsuno] 뿔

[쓰기 연습]

な	に	ぬ	ね	の
な　な	に　に	ぬ　ぬ	ね　ね	の　の
な　な	に　に	ぬ　ぬ	ね　ね	の　の
なつ	かに	いぬ	ねこ	つの

は행 ‘ㅎ' + 모음에 가깝다. 한국어는 둘째 음절 이후 ‘ㅎ' 발음이 약해지는 경향이 있지만 일본어 ‘は행' 발음은 ‘ㅎ' 발음을 명확히 내야 한다. 그리고 ‘ふ'는 ‘fu'에 가깝게 발음된다.

 Track 1-01-07

は	ひ	ふ	へ	ほ
[ha]	[hi]	[hu]	[he]	[ho]

はな[hana] 꽃   ひと[hito] 사람   ふね[hune] 배(ship)   へそ[heso] 배꼽   ほし[hoshi] 별

[쓰기 연습]

は	ひ	ふ	へ	ほ
は は	ひ ひ	ふ ふ	へ へ	ほ ほ
は は	ひ ひ	ふ ふ	へ へ	ほ ほ
はな	ひと	ふね	へそ	ほし

ま행 　'ㅁ' + 모음에 가깝다.

 Track 1-01-08

ま [ma]	み [mi]	む [mu]	め [me]	も [mo]

くま[kuma] 곰　みせ[mise] 가게　むし[mushi] 벌레　ひめ[hime] 공주　もち[mochi] 떡

[쓰기 연습]

ま	み	む	め	も
ま　ま	み　み	む　む	め　め	も　も
ま　ま	み　み	む　む	め　め	も　も
くま	みせ	むし	ひめ	もち

や행 이중모음 '야/유/요'에 가깝다. 고대에는 '예' 발음에 해당하는 글자가 존재했지만 'え'와 발음이 혼동되기 시작한 10세기 무렵에는 사라졌다고 한다.

Track 1-01-09

や	ゆ	よ
[ya]	[yu]	[yo]

やま[yama] 산 　 **ゆき**[yuki] 눈(snow) 　 **よこ**[yoko] 옆, 가로

[쓰기 연습]

や		ゆ		よ
や　や		ゆ　ゆ		よ　よ
や　や		ゆ　ゆ		よ　よ
やま		ゆき		よこ

ら행

'ㄹ' + 모음에 가깝다. 편의상 'r'로 발음을 표기했으나 영어의 'r'은 물론 'l' 발음과도 다른 소리이다.

Track 1-01-10

ら [ra]	り [ri]	る [ru]	れ [re]	ろ [ro]
さら[sara] 접시	りす[risu] 다람쥐	よる[yoru] 저녁, 밤	はれ[hare] (날씨가) 맑음	ふろ[huro] 목욕

[쓰기 연습]

ら	り	る	れ	ろ
ら　ら	り　り	る　る	れ　れ	ろ　ろ
ら　ら	り　り	る　る	れ　れ	ろ　ろ
さら	りす	よる	はれ	ふろ

わ행 & ん

'わ행'은 현재 'わ'와 'を'만 사용된다. 'ん'은 자음만으로 발음되는 글자이며 한국어의 비음 받침 'ㄴ/ㅁ/ㅇ' 발음과 비슷하지만 한국어에 없는 일본어 특유의 'N' 발음도 있다. 단, 뒤에 오는 소리에 따라 발음이 바뀐다.

Track 1-01-11

わ [wa]	ゐ	ゑ	を [o]	ん [N]

わに [wani] 악어   えを かく [eo kaku] 그림을 그리다   ほん [hoN] 책

[쓰기 연습]

わ	る	ゑ	を	ん
わ わ			を を	ん ん
わ わ			を を	ん ん
わに			えを かく	ほん

'わ행'은 이중모음으로 옛날에는 'wa/wi/we/wo' 발음 체계가 있었으나 현대에서는 'wi'와 'we'는 발음이 사라졌고 글자도 사용하지 않는다. 'を'는 'wo' 발음이 사라졌으나 글자만 남아 'o'로 발음되며 한국어의 '을/를'에 해당하는 조사로만 사용된다.

● 50음도를 보면 비슷한 글자가 몇 개씩 보이죠? 일본어의 가나문자는 한글과 달리 같은 행(자음), 같은 단(모음)이라도 규칙성이 전혀 없는 글자이기 때문에 모양은 비슷해도 전혀 다른 발음일 수 있습니다. 아래에 정리된 혼동하기 쉬운 히라가나를 소리 내어 읽어 보세요.

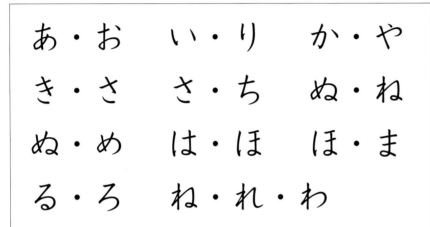

Tip

'き'와 'さ'는 활자로 나올 때는 마무리 부분이 연결되어 있는데 직접 손으로 쓸 때는 'き', 'さ'와 같이 띄워서 쓰는 것이 일반적입니다. 한편 'ち'는 활자로 나온 'さ'가 거울에 비친 것처럼 보이기 때문에 헷갈리기 쉬운데 'ち'는 직접 손으로 적을 때도 마무리 부분을 연결해서 써야 합니다. 'さ'처럼 띄우고 쓰지 않도록 조심합시다!

● 쓸 때 조심해요! 잘못 쓰면 보는 사람이 구별하기 힘들어요!

발음 연습 ●●●

● 다음 히라가나를 소리 내어 읽어 보세요.

1.

 Track 1-01-12

① うえ　　　　② あお　　　　③ さけ

④ くち　　　　⑤ たて　　　　⑥ いぬ

⑦ ねこ　　　　⑧ はな　　　　⑨ へそ

⑩ みせ　　　　⑪ むし　　　　⑫ ひめ

⑬ やま　　　　⑭ ゆき　　　　⑮ りす

⑯ よる　　　　⑰ ふろ　　　　⑱ わに

2.

Track 1-01-13

① かつら (가발)　　　　② ほこり (먼지)

③ せともの (도자기)　　　　④ おかねを いれる (돈을 넣다)

x

果物(くだもの) 과일

りんご
사과

みかん
귤

いちご
딸기

なし
배

かき
감

ぶどう
포도

もも
복숭아

すもも
자두

さくらんぼ
버찌

バナナ
바나나

すいか
수박

メロン
멜론

히라가나와 발음 2

point

【여러 가지 표기와 발음】

한국어와 일본어는 발음 체계가 다르기 때문에 조심해야 하는 발음들이 몇 가지 있습니다.
여기에서는 1과에서 학습한 히라가나 50음도에 나오는 글자들을 기본으로 좀 더 복잡한 표
기와 발음에 대해 공부합니다.

が행 탁음의 특징은 성대를 처음부터 울린다는 점. 'ㄱ' + 모음에 가깝지만 성대를 처음부터 울려야 하기 때문에 첫째 음절에 있는 경우 특히 조심해야 한다.

が	ぎ	ぐ	げ	ご
[ga]	[gi]	[gu]	[ge]	[go]

がら[gara] 무늬　　**や**ぎ[yagi] 염소　　**ふ**ぐ[hugu] 복어　　**ひ**げ[hige] 수염　　**ご**み[gomi] 쓰레기

[쓰기 연습]

 Track 1-02-01

が	ぎ	ぐ	げ	ご
が　が	ぎ　ぎ	ぐ　ぐ	げ　げ	ご　ご
が　が	ぎ　ぎ	ぐ　ぐ	げ　げ	ご　ご
がら	やぎ	ふぐ	ひげ	ごみ

26

ざ 행

한국어에는 없는 발음이며 'z' + 모음과 비슷하다. 'ㅈ' + 모음 발음이 되지 않도록 혀를 '사행' 발음과 같은 위치에 두고 성대를 울려야 한다. 단, 'じ'는 '지'에 가깝게 발음된다.

ざ [za]	じ [ji]	ず [zu]	ぜ [ze]	ぞ [zo]

ざる[zaru] 소쿠리　じこ[jiko] 사고　ちず[chizu] 지도　かぜ[kaze] 바람　なぞ[nazo] 수수께끼

[쓰기 연습]

Track 1-02-02

ざ	じ	ず	ぜ	ぞ
ざ　ざ	じ　じ	ず　ず	ぜ　ぜ	ぞ　ぞ
ざ　ざ	じ　じ	ず　ず	ぜ　ぜ	ぞ　ぞ
ざる	じこ	ちず	かぜ	なぞ

だ행

'ㄷ' + 모음에 가깝지만 성대를 처음부터 울리는 발음이다. 단, 'ぢ'와 'づ'는 각각 'ざ행'의 'じ[ji]', 'ず[zu]'와 똑같이 발음된다.

だ [da]	ぢ [ji]	づ [zu]	で [de]	ど [do]

ただ[tada] 공짜　はなぢ[hanaji] 코피　ひづけ[hizuke] 날짜　でし[deshi] 제자　どく[doku] 독

[쓰기 연습]

 **Track 1-02-03**

だ	ぢ	づ	で	ど
だ だ	ぢ ぢ	づ づ	で で	ど ど
だ だ	ぢ ぢ	づ づ	で で	ど ど
ただ	はなぢ	ひづけ	でし	どく

ば행

'ㅂ'+ 모음에 가깝지만 성대를 처음부터 울리는 발음이다.

ば	び	ぶ	べ	ぼ
[ba]	[bi]	[bu]	[be]	[bo]

おばけ[obake] 귀신   へび[hebi] 뱀   ぶた[buta] 돼지   なべ[nabe] 냄비   ぼろ[boro] 낡은 것

[쓰기 연습]

 Track 1-02-04

ば	び	ぶ	べ	ぼ
ば ば	び び	ぶ ぶ	べ べ	ぼ ぼ
ば ば	び び	ぶ ぶ	べ べ	ぼ ぼ
おばけ	へび	ぶた	なべ	ぼろ

ぱ행 'ㅂ/ㅍ/ㅃ' + 모음에 가깝다. 첫째 음절에서는 'ㅂ'에 가깝고, 둘째 음절 이후는 'ㅍ'이나 'ㅃ'에 가깝게 발음된다.

ぱ	ぴ	ぷ	ぺ	ぽ
[pa]	[pi]	[pu]	[pe]	[po]

らっぱ[rappa] 나팔　しんぴ[shimpi] 신비　きっぷ[kippu] 차표　ほっぺ[hoppe] 뺨　さんぽ[sampo] 산책

[쓰기 연습]

 Track 1-02-05

ぱ	ぴ	ぷ	ぺ	ぽ
ぱ ぱ	ぴ ぴ	ぷ ぷ	ぺ ぺ	ぽ ぽ
ぱ ぱ	ぴ ぴ	ぷ ぷ	ぺ ぺ	ぽ ぽ
らっぱ	しんぴ	きっぷ	ほっぺ	さんぽ

※ 작은 'つ' 발음과 'ん' 발음에 관해서는 뒤의 설명 참조.

작은 つ 발음 – 촉음(促音)

작은 'つ' 발음은 '촉음'이라고 부릅니다. 'か·さ·た·ぱ행' 앞에 작은 'つ'를 붙여 표기합니다. 작은 'つ' 뒤의 소리를 준비하면서 공백 시간을 두는 발음이기 때문에 한국어의 받침과 비슷한 역할을 해서 뒤의 발음이 된소리처럼 됩니다. 그러나 일본어의 '촉음'은 하나의 음절을 이루기 때문에 한 박자를 두어야 합니다. 예를 들어 'いっき'라면 '익–끼'라고 세 박자로 읽습니다.

Tip

작은 'つ' 표기는 큰 'つ'의 절반 정도 크기로 쓰고 큰 'つ'와 분명히 구별하도록 조심!

① か행 앞 **Track 1-02-06**

さっか [sakka]–[삭–까] 작가

いっき [ikki]–[익–끼] 단숨에, 원샷

ゆっくり [yukkuri]–[육–꾸리] 천천히

 발음 비교!

さか ― さっか
(언덕길)　(작가)

いき ― いっき
(숨)　　(단숨에)

② さ행 앞 **Track 1-02-07**

さ 행 앞에서는 완전한 무음 상태가 아니라 이빨과 혀 사이에서 공기가 빠져 나가는 소리가 나온다.

あっし [asshi]–[앗–ㅆ씨] 나, 저(속어)

しっそ [shisso]–[싯–ㅆ쏘] 검소

まっすぐ [massugu]–[맛–ㅆ쓰구] 똑바로, 쭉

 발음 비교!

あし ― あっし
(다리, 발) (나, 저–속어)

しそ ― しっそ
(차조기)　(검소)

③ た행 앞 **Track 1-02-08**

おっと [otto]–[옷–또] 남편

いったい [ittai]–[잇–따이] 도대체

ばっちり [batchiri]–[밧–찌리] 문제 없이 완벽함

 발음 비교!

おと ― おっと
(소리)　(남편)

いたい ― いったい
(아프다)　(도대체)

④ ぱ행 앞 **Track 1-02-09**

きっぷ [kippu]–[킵–뿌] 차표

しっぽ [shippo]–[십–뽀] 꼬리

いっぱい [ippai]–[입–빠이] 가득

 발음 비교!

きぷ ― きっぷ
(뜻 없음)　(차표)

しぽ ― しっぽ
(뜻 없음)　(꼬리)

ん 발음(撥音)

'ん'은 자음만으로 발음되는 글자이며 한국어의 비음 받침 'ㄴ/ㅁ/ㅇ'(n/m/ŋ) 발음
과 비슷하지만 한국어에 없는 일본어 특유의 'N' 발음도 있습니다. 단, 뒤에 오는 소
리에 따라 발음이 바뀌며 '촉음'과 마찬가지로 하나의 음절을 이루기 때문에 한 박자
를 두고 발음합니다. 예를 들어 'おんど'라면 '온도'가 아니라 '오ㄴ도'라고 세 박자로
읽는 것이 기본입니다.

Tip

발음 원리는 '촉음'과 비슷하며
뒤의 소리를 준비하면서 코에서
소리를 내기 때문에 뒤의 소리와
입 모양이 같아야 합니다. 따라
서 일본어에도 'ㅁ' 받침과 비슷
한 소리는 있지만 '김치'와 같은
발음은 있을 수가 없고, 'ㅇ' 받침
과 비슷한 소리는 있지만 '동동주'
와 같은 발음은 나타나지 않아요!

① [m] ま・ば・ぱ행 앞　　　　　　　　Track 1-02-10

　さんま [samma] 꽁치　　　　とんぼ [tombo] 잠자리

　てんぷら [tempura] 튀김　　かんぱい [kampai] 건배

Tip

ま・ば・ぱ행 앞에서는 입술을 닫
을 준비를 하기 때문에 'ㅁ' 받침
과 비슷한 발음이 됩니다!

② [n] さ・ざ・た・だ・な・ら행 앞　　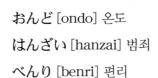　Track 1-02-11

　さんち [sanchi] 산지　　　　おんど [ondo] 온도

　あんない [annai] 안내　　　はんざい [hanzai] 범죄

　せんろ [senro] 선로　　　　べんり [benri] 편리

Tip

さ・ざ・た・だ・な・ら행 앞에서는
혀 끝을 잇천장에 붙일 준비를
하기 때문에 'ㄴ' 받침과 비슷한
발음이 됩니다! 단, 한국어의 경
우 'ㄴ' 받침 뒤에 'ㄹ'이 오면 유
음화되어 'ㄴ' 받침이 'ㄹ' 받침 소
리로 바뀌기 때문에 'ㄹ' 발음과
비슷한 ら행 앞에서는 'ん' 발음이
'ㄹ' 받침 소리가 되지 않도록 조
심! 코에서 소리를 내야 합니다!

③ [ŋ] か・が행 앞　　　　　　　　　Track 1-02-12

　げんき [geŋki] 건강함　　　まんが [maŋga] 만화

　りんご [riŋgo] 사과　　　　かんこく [kaŋkoku] 한국

Tip

か・が행 앞에서는 혀뿌리를 입
천장 뒤쪽에 붙일 준비를 하기
때문에 'ㅇ' 받침과 비슷한 발음
이 됩니다!

　　　　　　　　　　　　　　　　　　　Track 1-02-13

④ [N] あ・は・や・わ행 앞, 맨 끝에 'ん'이 올 때: 한국어에 없는 비음

　でんわ [deNwa] 전화　　　ほんや [hoNya] 책방

　にほん [nihoN] 일본　　　せんえん [seNeN] 천 엔

Tip

あ・は・や・わ행 발음은 혀를 천장
에 붙이지 않기 때문에 그 앞의
'ん' 발음은 입을 닫지 않고 혀를
천장에 붙이지도 않은 채로 코
에서 소리를 냅니다! 문장 끝의
'ん'도 혀나 입에 힘을 줄 필요가
없기 때문에 마찬가지로 [N] 발
음이 됩니다.

 장음(長音)

하나의 모음을 두 박자로 길게 끌어 발음하는 것이 장음입니다. 일본어는 모음의 길이로 말의 뜻을 구별하기 때문에 주의가 필요합니다.

Tip

참고로 가타카나 장음 표시는 장음부호 'ー'를 사용합니다!

① [a:] あ단 + あ　　　　　　　　　　　　　　　Track 1-02-14

まあまあ [ma:ma:] 그런대로　　　　おばあさん [oba:saN] 할머니

비교

まま [mama] 그대로　　　　　　　　おばさん [obasaN] 아줌마, 이모, 고모

② [i:] い단 + い　　　　　　　　　　　　　　　Track 1-02-15

いいえ [i:e] 아니요　　　　　　　　おじいさん [oji:saN] 할아버지

비교

いえ [ie] 집　　　　　　　　　　　　おじさん [ojisaN] 아저씨, 삼촌

③ [u:] う단 + う　　　　　　　　　　　　　　　Track 1-02-16

ゆうき [yu:ki] 용기　　　　　　　　くうき [ku:ki] 공기

비교

ゆき [yuki] 눈(snow)　　　　　　　くき [kuki] 풀 줄기

④ [e:] え단 + え, え단 + い　　　　　　　　　Track 1-02-17

おねえさん [one:saN] 누나, 언니

せいき [se:ki] 세기　　　　　　　　ゆうめい [yu:me:] 유명

비교

せき [seki] 자리　　　　　　　　　　ゆめ [yume] 꿈

⑤ [o:] お단 + お, お단 + う　　　　　　　　　Track 1-02-18

おおい [o:i] 많다　　　　　　　　　とおく [to:ku] 멀리

비교

おい [oi] 남자 조카　　　　　　　　とく [toku] 이득

ようじ [yo:ji] 볼일　　　　　　　　そうち [so:chi] 장치

비교

よじ [yoji] 4시　　　　　　　　　　そち [sochi] 조치

요음은 'い'를 제외한 い단 글자 뒤에 작은 'や・ゆ・よ'를 붙여 '자음 + 이중모음'을 나타내며 이때 두 글자를 한 박자로 발음합니다. 예) 'しゃ'→'시야(×)'→'샤(○)'

Tip

촉음(작은 'っ')과 마찬가지로 글자는 큰 'や・ゆ・よ'와 분명히 구별할 수 있게 절반 정도 크기로 쓰세요!

[요음 일람표]

🎵 Track 1-02-19

	や	ゆ	よ			や	ゆ	よ
き	きゃ [kya]	きゅ [kyu]	きょ [kyo]	ひ	ひゃ [hya]	ひゅ [hyu]	ひょ [hyo]
ぎ	ぎゃ [gya]	ぎゅ [gyu]	ぎょ [gyo]	び	びゃ [bya]	びゅ [byu]	びょ [byo]
し	しゃ [sha]	しゅ [shu]	しょ [sho]	ぴ	ぴゃ [pya]	ぴゅ [pyu]	ぴょ [pyo]
じ	じゃ [ja]	じゅ [ju]	じょ [jo]	み	みゃ [mya]	みゅ [myu]	みょ [myo]
ち	ちゃ [cha]	ちゅ [chu]	ちょ [cho]	り	りゃ [rya]	りゅ [ryu]	りょ [ryo]
に	にゃ [nya]	にゅ [nyu]	にょ [nyo]				

[kya] きゃ	[kyu] きゅ	[kyo] きょ	[gya] ぎゃ	[gyu] ぎゅ	[gyo] ぎょ
きゃく 손님	きゅうり 오이	こきょう 고향	ぎゃく 역, 반대	ぎゅうにく 쇠고기	ぎょうざ 군만두

[sha] しゃ	[shu] しゅ	[sho] しょ	[ja] じゃ	[ju] じゅ	[jo] じょ
しゃしん 사진	あくしゅ 악수	いっしょ 같이, 함께	にんじゃ 닌자	じゅうじ 열 시	まじょ 마녀

[cha] ちゃ	[chu] ちゅ	[cho] ちょ	[nya] にゃ	[nyu] にゅ	[nyo] にょ
おちゃ 차, 녹차	しょうちゅう 소주	ちょきん 저금	こんにゃく 곤약	ぎゅうにゅう 우유	にょきにょき 비쭉비쭉

[hya] ひゃ	[hyu] ひゅ	[hyo] ひょ	[bya] びゃ	[byu] びゅ	[byo] びょ
ひゃくてん 백 점	ひゅうひゅう 휘휘, 씽씽	ひょうがら 표범 무늬	びゃくや 백야	デビュー (でびゅー) 데뷔	びょうき 병, 질병

[pya] ぴゃ	[pyu] ぴゅ	[pyo] ぴょ	[mya] みゃ	[myu] みゅ	[myo] みょ
ろっぴゃく 육백(600)	コンピューター (こんぴゅーたー) 컴퓨터	ぴょんぴょん 깡충깡충	みゃく 맥, 맥박	ミュージカル (みゅーじかる) 뮤지컬	みょうじ 성씨

[rya] りゃ	[ryu] りゅ	[ryo] りょ
りゃくご 준말	りゅうがく 유학	りょこう 여행

[발음 비교]

Track 1-02-20

- ひゃく 백(100)
  ひやく 비약
- かきよう 쓰기 나름
  かきょう 화교
- ごじゅうに 오십이(52)
  ごじゆうに 마음대로

- こんにゃく 곤약
  こんやく 혼약(약혼)
- りゅう 용
  りゆう 이유
- おもちゃ 장난감
  おもちや 떡집

- びょういん 병원
  びよういん 미용원(미용실)
- しんにゅう 진입
  しんゆう 절친한 친구

 발음 연습 ●●●●●●●●●●●●●●●●●●●●●●●●●●●●

● 다음 히라가나를 소리 내어 읽어 보세요.

1.

Track 1-02-21

① がら　　　② ほっぺ　　　③ おっと

④ げんき　　⑤ べんり　　　⑥ でんわ

⑦ ゆうき　　⑧ いいえ　　　⑨ みゃく

⑩ ちょきん　⑪ あくしゅ　　⑫ にんじゃ

2.

Track 1-02-22

① げっぷ (트림)　　　　　② ばんごう (번호)

③ みっかぼうず (작심삼일)　④ せいげんじかん (제한시간)

⑤ じゅぎょう (수업)　　　⑥ しょっちゅう (자주, 빈번히)

⑦ りょうりょう (이용료)　⑧ はっぴゃくえん (팔백 엔)

野菜 채소

だいこん
무

にんじん
당근

じゃがいも
감자

さつまいも
고구마

はくさい
배추

ほうれんそう
시금치

キャベツ
양배추

レタス
양상추

ねぎ
파

たまねぎ
양파

なす
가지

とうがらし
고추

가타카나와 인사말

point

【가타카나】

가타카나(片仮名_{かた か な})는 음성적 성격이 강한 글자이므로 원래 소리를 들리는 대로 적었던 외래
어 표기에 많이 사용됩니다. 그 외에도 의성어, 의태어, 상표(회사명), 강조 등으로 널리 사용
됩니다. 히라가나와 한자에 비해 사용 빈도는 적은 편이지만 컴퓨터와 인터넷이 보편화된 이
후, 일본어 기초 학습에서도 그 중요성이 높아졌습니다. 히라가나와 마찬가지로 50음도에 기
본 글자와 발음이 정리되어 있습니다. 일부 가타카나 특유의 표기법을 제외하고 기본적으로
글자 모양만 다를 뿐, 탁음·반탁음, 요음, 촉음 등의 표기 방식은 히라가나와 동일합니다.

일본어 문장에서 비교적 적게 사용되는 '가타카나'이지만, 상품의 브랜드 이름이나 거리의 간판을 비롯해 국제화 시대에 새롭게 생겨나는 용어 등에서도 가타카나의 사용 빈도는 높아지고 있으므로 잘 익히기 바랍니다.

	ア단	イ단	ウ단	エ단	オ단
ア행	ア [a]	イ [i]	ウ [u]	エ [e]	オ [o]
カ행	カ [ka]	キ [ki]	ク [ku]	ケ [ke]	コ [ko]
サ행	サ [sa]	シ [shi]	ス [su]	セ [se]	ソ [so]
タ행	タ [ta]	チ [chi]	ツ [tsu]	テ [te]	ト [to]
ナ행	ナ [na]	ニ [ni]	ヌ [nu]	ネ [ne]	ノ [no]
ハ행	ハ [ha]	ヒ [hi]	フ [hu]	ヘ [he]	ホ [ho]
マ행	マ [ma]	ミ [mi]	ム [mu]	メ [me]	モ [mo]
ヤ행	ヤ [ya]		ユ [yu]		ヨ [yo]
ラ행	ラ [ra]	リ [ri]	ル [ru]	レ [re]	ロ [ro]
ワ행	ワ [wa]				ヲ [o]
ン	ン [N]				

가타카나는 9세기 무렵, 히라가나와 비슷한 시기에 형성되었다고 합니다. 한자 전체의 초서체에서 유래된 히라가나와 달리 가타카나는 한자의 일부를 따서 만들어진 글자입니다(예: 伊→イ). 부드러운 느낌이 있는 히라가나와 달리 직선적이고 날카로운 느낌이 특징입니다.

ア	阿	イ	伊	ウ	宇	エ	江	オ	於
カ	加	キ	機	ク	久	ケ	介	コ	己
サ	散	シ	之	ス	須	セ	世	ソ	曽
タ	多	チ	千	ツ	川	テ	天	ト	止
ナ	奈	二	仁	ヌ	奴	ネ	祢	ノ	乃
ハ	八	ヒ	比	フ	不	ヘ	部	ホ	保
マ	末	ミ	三	ム	牟	メ	女	モ	毛
ヤ	也			ユ	由			ヨ	與
ラ	良	リ	利	ル	流	レ	礼	ロ	呂
ワ	和	ヰ	井			ヱ	恵	ヲ	乎
ン	尓								

ア행

ア	イ	ウ	エ	オ
(あ)	(い)	(う)	(え)	(お)
[a]	[i]	[u]	[e]	[o]
ア ア	イ イ	ウ ウ	エ エ	オ オ

カ행

カ	キ	ク	ケ	コ
(か)	(き)	(く)	(け)	(こ)
[ka]	[ki]	[ku]	[ke]	[ko]
カ カ	キ キ	ク ク	ケ ケ	コ コ

サ행

サ	シ	ス	セ	ソ
(さ)	(し)	(す)	(せ)	(そ)
[sa]	[shi]	[su]	[se]	[so]
サ サ	シ シ	ス ス	セ セ	ソ ソ

タ행

タ	チ	ツ	テ	ト
(た)	(ち)	(つ)	(て)	(と)
[ta]	[chi]	[tsu]	[te]	[to]
タ タ	チ チ	ツ ツ	テ テ	ト ト

ナ행

ナ	二	ヌ	ネ	ノ
(な)	(に)	(ぬ)	(ね)	(の)
[na]	[ni]	[nu]	[ne]	[no]
ナ ナ	二 二	ヌ ヌ	ネ ネ	ノ ノ

ハ행

ハ	ヒ	フ	ヘ	ホ
(は)	(ひ)	(ふ)	(へ)	(ほ)
[ha]	[hi]	[hu]	[he]	[ho]
ハ ハ	ヒ ヒ	フ フ	ヘ ヘ	ホ ホ

マ행

マ	ミ	ム	メ	モ
(ま)	(み)	(む)	(め)	(も)
[ma]	[mi]	[mu]	[me]	[mo]
マ　マ	ミ　ミ	ム　ム	メ　メ	モ　モ

ヤ행

ヤ		ユ		ヨ
(や)		(ゆ)		(よ)
[ya]		[yu]		[yo]
ヤ　ヤ		ユ　ユ		ヨ　ヨ

ラ행

ラ	リ	ル	レ	ロ
(ら)	(り)	(る)	(れ)	(ろ)
[ra]	[ri]	[ru]	[re]	[ro]
ラ ラ	リ リ	ル ル	レ レ	ロ ロ

ワ행 **&** **ン**

ワ	ヰ	ヱ	ヲ	ン
(わ)			(を)	(ん)
[wa]			[o]	[N]
ワ ワ			ヲ ヲ	ン ン

혼동하기 쉬운 가타카나

● 가타카나는 모양이 단순한 만큼 비슷한 글자도 많습니다. 그 중에서도 특히 혼동하기 쉬운 가타카나를 몇 가지 소개합니다.

ン・ソ(ん・そ)	シ・ツ(し・つ)	カ・ヤ・セ(か・や・せ)
ア・マ(あ・ま)	ワ・ク(わ・く)	コ・ユ(こ・ゆ)
チ・テ(ち・て)	ナ・メ(な・め)	ソ・リ(そ・り)

● 혼동하기 쉬운 가타카나 대표 선수, 'ン・ソ・シ・ツ' 정복하기!

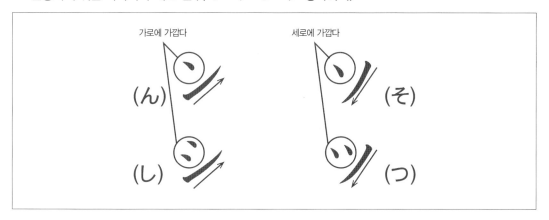

기본적인 가타카나 표기 방법은 히라가나와 같으나 몇 가지 가타카나 특유의 표기법이 있습니다. 여기서는 그 중 사용빈도가 높은 표기법과 그에 따른 발음을 소개합니다.

① 장음부호 'ー'로 장음을 나타낸다.

  예 コーヒー(こーひー／커피)   スーパー(すーぱー／슈퍼)

  단, 예외로 장음부호로 표시하지 않을 경우도 가끔 있다.

  → ソウル(そうる／서울)

② 'テ' + 작은 'ィ'로 'ti' 발음을, 'デ' + 작은 'ィ'로 'di' 발음을 나타낸다.

  예 パーティー(ぱーてぃー／파티) ディズニー(でぃずにー／디즈니)

  단, 관례로 'チ／ジ'로 쓰고 발음하는 단어도 많이 있다.

  → チケット(ちけっと／티켓)   ラジオ(らじお／라디오)

③ 'wi/we/wo'는 'ウ' + 작은 'ィ·エ·オ'로 나타내고 한 음절로 발음한다.

  예 ウィキペディア(うぃきぺでぃあ／위키피디아)

  ウェブ(うぇぶ／웹)   ウォン(うぉん／원)

  단, 관례로 'ウ' + 큰 'イ·エ·オ'로 표기하고 두 음절로 발음하는 경우도 있다.

  → ウインク(ういんく／윙크)   ウエスト(うえすと／웨이스트, 허리)

④ 'fa/fi/fe/fo'는 'フ' + 작은 'ァ·ィ·ェ·ォ'로 나타내고 한 음절로 발음한다.

  예 ファン(ふぁん／팬)   フィリピン(ふぃりぴん／필리핀)

  カフェ(かふぇ／카페)   スマートフォン(すまーとふぉん／스마트폰)

 **Track 1-03-05**

● 다음 가타카나를 소리 내어 읽은 다음, 히라가나로 바꿔 보세요.

① コーヒー (커피)

② メニュー (메뉴)

③ ラジオ (라디오)

④ コンビニ (편의점)

⑤ カラオケ (노래방)

⑥ マンション (맨션, 아파트)

⑦ モノレール (모노레일)

⑧ デザイン (디자인)

⑨ スポーツ (스포츠)

⑩ ネクタイ (넥타이)

⑪ イギリス (영국)

⑫ アメリカ (미국)

⑬ タクシー (택시)

⑭ ハンバーガー (햄버거)

⑮ チケット (티켓)

⑯ スマホ (스마트폰–준말)

⑰ パソコン (PC–준말)

⑱ ファイル (파일)

⑲ ツイッター (트위터)

⑳ ワンピース (원피스)

가타카나로 이름 쓰기 ••

● 외국인 이름은 중국인, 대만인 등 일부를 제외하고 가타카나로 표기하는 경우가 대부분입니다. 물론 한국인도 예외가 아니죠. 여기서는 한국인의 이름 표기에 관한 기본적인 규칙을 익히고 실제로 써 보는 연습을 합니다.

1. 기본 규칙

① [성] 첫소리는 탁음 없이 표기.   예) 배 → ペ(○), ベ(×)

② [이름] 'ㄱ·ㄷ·ㅂ·ㅈ + 모음'은 탁음으로 표기.   예) 기 → キ(×), ギ(○)

　　단, ㄱ, ㅂ 받침 다음은 관례로 탁음 없이 표기할 경우가 많다.

　　예 박지성 → パク·チソン(○), パク·ジソン(△)

③ 성과 이름 사이에 '·'을 붙인다.

2. 받침 표기

ㄴ, ㅇ → ン(ん)　 ／　 ㅁ → ム(む)　 ／　 ㄱ → ク(く)

ㄹ → ル(る)　 ／　 ㅂ → プ(ぷ)

3. 기타 특수 표기

① 지·치 → チ(ち)　 ／　 자·차 → チャ(ちゃ)　 ／　 주·추 → チュ(ちゅ)

　　재·제·채·체·최 → チェ(ちぇ)　 ／　 저·조·처·초 → チョ(ちょ)

　　단, 'ㅈ + 모음'의 경우 둘째 음절 이후는 ㄱ, ㅂ 받침 뒤를 제외하고 'チ'를 'ジ(じ)'로 바꾸고 표기.   예) 수진 → スチン(×), スジン(○)

③ 화 → ファ(ふぁ)　 ／　 휘 → フィ(ふぃ)　 ／　 회 → フェ(ふぇ)　 ／　 훠 → フォ(ふぉ)

④ 위 → ウィ(うぃ)　 ／　 외 → ウェ(うぇ)　 ／　 워 → ウォ(うぉ)

⑤ 예 → イェ(いぇ)

⑥ 희 → ヒ(ひ)　 ／　 혜 → ヘ

⑦ 받침 뒤에 모음이나 'ㅎ'이 올 때는 연음화된 발음으로 표기할 경우도 많다.

　　예 선희 → 서니 → ソニ(そに)　 ／　 철우 → 처루 → チョル(ちょる)

4. 대표적인 한국인의 성씨 표기

안(アン) 이(イ) 예(イェ) 임(イム) 우(ウ) 오(オ) 엄(オム)

감(カム) 강(カン) 김(キム) 구(ク) 곽(クァク) 권(クォン) 고(コ) 공(コン)

사(サ) 심(シム) 신(シン) 서・소(ソ) 선우(ソヌ) 설(ソル) 선・성・손・송(ソン)

채(チャ) 장(チャン) 지(チ) 진(チン) 주・추(チュ) 제・채・최(チェ)

조(チョ) 전・정・천(チョン)

나(ナ) 남(ナム) 남궁(ナムグン) 노(ノ)

하(ハ) 한(ハン) 현(ヒョン) 황(ファン) 허(ホ) 홍(ホン)

박(パク) 반・방(パン) 피(ピ) 변・편(ピョン) 배(ペ) 백(ペク) 봉(ポン)

마(マ) 민(ミン) 문(ムン)

양(ヤン) 유(ユ) 윤(ユン) 여(ヨ) 염(ヨム) 연(ヨン)

류(リュ) 왕(ワン)

한글　　：　<u>김수진</u>

히라가나：　<u>きむ・すじん</u>

가타카나：　<u>キム・スジン</u>

● 위의 예처럼 자신의 이름을 한글, 히라가나, 가타카나로 써 보세요.

한글　　： ＿＿＿＿＿＿＿＿＿＿＿＿＿＿＿

히라가나： ＿＿＿＿＿＿＿＿・＿＿＿＿＿＿＿＿

가타카나： ＿＿＿＿＿＿＿＿・＿＿＿＿＿＿＿＿

● 친구 이름이나 연예인 이름 등 다른 사람 이름도 써 봅시다!

한글　　： ＿＿＿＿＿＿＿＿＿＿＿＿＿＿＿

히라가나： ＿＿＿＿＿＿＿＿・＿＿＿＿＿＿＿＿

가타카나： ＿＿＿＿＿＿＿＿・＿＿＿＿＿＿＿＿

Track 1-03-06

おはようございます。
안녕하세요. (아침 인사)

こんにちは。※
안녕하세요. (낮 인사)

こんばんは。※
안녕하세요. (저녁 인사)

ありがとうございます。
감사합니다. / 고맙습니다.

ごめんなさい。
미안합니다.

すみません。
미안합니다. / 죄송합니다.
('ごめんなさい'보다 정중함.)

すみません。
저기요. / 실례합니다.
(남에게 말을 걸 때 쓰임.)

いただきます。
잘 먹겠습니다.

ごちそうさまでした。
잘 먹었습니다.

おやすみなさい。
안녕히 주무세요.

おひさしぶりです。
오래간만입니다.

おげんきですか。
잘 지내십니까?

※ 'は'라고 쓰고 'わ'라고 읽는다. 4과 〈학습 포인트 01〉 참조.

Track 1-03-07

おはよう。
안녕. (아침 인사)

やあ、げんき？
안녕, 잘 지내?

ひさしぶり。
오랜만이야.

げんきだった？
잘 지냈어?

じゃあね。
그럼 안녕.

バイバイ。
바이바이.

また、あした。
내일 봐.

おやすみ。
잘 자.

おじゃまします。
들어갈게요.

いらっしゃい。
어서 와.

ありがとう。
고마워.

ごめん。
미안해.

Track 1-03-08

ありがとうございました。
しつれいします。
감사합니다. 이만 가보겠습니다.

おつかれさまでした。
수고하셨습니다.

また、あした。
내일 뵙겠습니다.

また、あした。
내일 봐요.

また、らいしゅう。
다음 주에 봐요.

また、らいしゅう。
다음 주에 뵙겠습니다.

問題1 ( )に なにを いれますか。①・②・③・④から いちばん いい ものを ひとつ えらんで ください。

( )에 무엇을 넣습니까? ① · ② · ③ · ④ 중에서 가장 알맞은 것을 하나 고르시오.

1 こんにち ( ) 。

① や ② は ③ わ ④ ん

2 ごちそう ( ) でした。

① すみ ② さま ③ さい ④ せん

3 おひさしぶり ( ) 。

① ます ② ませ ③ です ④ でせ

問題2 つぎの ことばの つかいかたで いちばん いい ものを ①・②・③・④から ひとつ えらんで ください。

다음 말의 사용 방식으로 가장 알맞은 것을 ① · ② · ③ · ④ 중에서 하나 고르시오.

4 ございます

① しつれいございます。 ② いただきございます。

③ こんにちございます。 ④ おはようございます。

5 なさい

① おやすみなさい。 ② こんばんなさい。

③ ありがとなさい。 ④ すみませなさい。

食べ物 음식

和食
일본 요리

中華
중국 요리

洋食
서양 요리

ご飯
밥

みそ汁
된장국

漬物
채소를 절인 식품

刺身
회

鍋
냄비요리

焼肉
고기구이

ラーメン
라면

餃子
만두

酢豚
탕수육

がく せい
学生ですか。

학생입니까?

point

회화 ·· Dialogue

 Track 1-04-01

佐藤　初めまして、佐藤博史です。

金　初めまして、キム・ナヨンです。

佐藤　どうぞ よろしく お願いします。

金　こちらこそ、どうぞ よろしく お願いします。

佐藤　キムさんは 学生ですか。

金　はい、学生です。佐藤さんも 学生ですか。

佐藤　いいえ、私は 学生じゃ ありません。会社員です。

Tip

초면 인사로 자주 쓰이는 표현이
'初めまして'입니다. '처음 뵙겠습
니다'라고 해석되는데 한국어로
는 '(만나서) 반갑습니다'라고 말
할 상황에서 쓰이는 표현이라고
이해하면 됩니다. 다만 '(만나서)
반갑습니다'라는 표현은 초면이
아닌 경우에도 사용할 수 있는
데 반해 '初めまして'는 초면 인
사로만 사용된다는 점에 유의해
야 합니다.

▶ **낱말과 표현**

初めまして 처음 뵙겠습니다 │ 〜です 〜입니다 │ どうぞ よろしく お願いします 아무쪼록 잘 부탁합니다 │
こちらこそ 저야말로 │ 〜さん 〜씨 │ 学生 학생 │ 〜ですか 〜입니까 │ はい 예, 네 │ 〜も 〜도 │ いいえ 아니요 │
私 저 │ 〜は 〜은/는 │ 〜じゃ ありません 〜이/가 아닙니다 │ 会社員 회사원

01 ~は ~です ~은/는 ~입니다 (명사 긍정문)

<ruby>私<rt>わたし</rt></ruby>は <ruby>留学生<rt>りゅうがくせい</rt></ruby>です。 저는 유학생입니다.

<ruby>石井<rt>いしい</rt></ruby>さんは <ruby>教師<rt>きょうし</rt></ruby>です。 이시이 씨는 교사입니다.

<ruby>彼女<rt>かのじょ</rt></ruby>は <ruby>韓国人<rt>かんこくじん</rt></ruby>です。 그녀는 한국인입니다.

Tip

'은/는'에 해당하는 조사 'は'는 'は(하)'라고 쓰지만 문자 그대로 'は(하)'라고 발음하지 않고 'わ(와)'라고 발음합니다. 그러나 글자로 쓸 때는 반드시 'は'라고 써야 합니다.

02 ~も ~です ~도 ~입니다

<ruby>私<rt>わたし</rt></ruby>も <ruby>大学生<rt>だいがくせい</rt></ruby>です。 저도 대학생입니다.

<ruby>山田<rt>やまだ</rt></ruby>さんも <ruby>医者<rt>いしゃ</rt></ruby>です。 야마다 씨도 의사입니다.

<ruby>彼<rt>かれ</rt></ruby>も <ruby>中国人<rt>ちゅうごくじん</rt></ruby>です。 그도 중국인입니다.

▶ **낱말과 표현**

<ruby>留学生<rt>りゅうがくせい</rt></ruby> 유학생 | <ruby>教師<rt>きょうし</rt></ruby> 교사 | <ruby>彼女<rt>かのじょ</rt></ruby> 그녀(3인칭), 여자 친구 | <ruby>韓国人<rt>かんこくじん</rt></ruby> 한국인 | <ruby>大学生<rt>だいがくせい</rt></ruby> 대학생 | <ruby>医者<rt>いしゃ</rt></ruby> 의사 |
<ruby>彼<rt>かれ</rt></ruby> 그, 그 남자(3인칭) | <ruby>中国人<rt>ちゅうごくじん</rt></ruby> 중국인

학습 포인트 ······························· Grammar

03 **〜ですか** 〜입니까? (명사 의문문)

田中さんは 公務員ですか。 → はい、私は 公務員です。
(た なか) (こう む いん) (わたし) (こう む いん)

다나카 씨는 공무원입니까? → 네, 저는 공무원입니다.

先生も 日本人ですか。 → はい、先生も 日本人です。
(せんせい) (に ほんじん) (せんせい) (に ほんじん)

선생님도 일본인입니까? → 네, 선생님도 일본인입니다.

04 **〜じゃ(では) ありません** 〜이/가 아닙니다 (명사 부정문)

中野さんは 会社員ですか。 나카노 씨는 회사원입니까?
(なか の) (かいしゃいん)

→ いいえ、私は 会社員じゃ ありません。主婦です。
(わたし) (かいしゃいん) (しゅ ふ)

→ 아니요, 저는 회사원이 아닙니다. 주부입니다.

彼も 日本人ですか。 그도 일본인입니까?
(かれ) (に ほんじん)

→ いいえ、彼は 日本人じゃ ありません。中国人です。
(かれ) (に ほんじん) (ちゅうごくじん)

→ 아니요, 그는 일본인이 아닙니다. 중국인입니다.

Tip

형식적인 자리나 글말에서는 '～では'를 많이 사용하는데 일상적인 대화에서는 '～じゃ'를 더 많이 사용합니다. 'じゃ'는 'では'의 준말입니다.

▶ 낱말과 표현

公務員 공무원 │ **先生** 선생님 │ **日本人** 일본인 │ **主婦** 주부
(こう む いん) (せんせい) (に ほんじん) (しゅ ふ)

▶ 아래 예와 같이 문장을 완성해 봅시다.

예)

私^{わたし} - 대학생

私^{わたし}は 大学生^{だいがくせい}です。 저는 대학생입니다.

❶

キム^{きむ}さん - 회사원

_____は _____です。

❷

吉田^{よしだ}さん - 주부

_____は _____です。

❸

パク^{ぱく}さん - 한국인

_____は _____です。

❹

ワン^{わん}さん - 중국인

_____も _____です。

❺

先生^{せんせい} - 일본인

_____も _____です。

▶ 아래 예와 같이 문장을 완성해 봅시다.

예)

> **とおるさん**
> 의사(×), 은행원(○)

A とおるさんは 医者_{いしゃ}ですか。 도루 씨는 의사입니까?

B いいえ、医者_{いしゃ}じゃ ありません。

아니요, 의사가 아닙니다.

銀行員_{ぎんこういん}です。 은행원입니다.

❶

> **ひろしさん**
> 은행원(×), 공무원(○)

A ひろしさんも _____ ですか。

B いいえ、_____ じゃ ありません。

_____ です。

❷

> **まやさん**
> 교사(×), 가수(○)

A まやさんは _____ ですか。

B いいえ、_____ じゃ ありません。

_____ です。

❸

> **けいこさん**
> 가수(×), 주부(○)

A けいこさんも _____ ですか。

B いいえ、_____ じゃ ありません。

_____ です。

▶ **낱말과 표현**

銀行員_{ぎんこういん} 은행원 | **歌手**_{かしゅ} 가수

▶ 질문이 맞으면 'はい、~です'로 대답하고, 맞지 않으면 'いいえ、~じゃ ありません'으로 부정한
다음, 맞는 것이 무엇인지 '~です'로 대답해 보세요.

예)

_____さんは 韓国人ですか。

① はい、韓国人です。

② いいえ、韓国人じゃ ありません。日本人です。

1) _____さんは 中国人ですか。

_____

2) _____さんは 大学生ですか。

_____

3) _____さんは 会社員ですか。

_____

4) 今は 春ですか。

_____

5) 今は 秋ですか。

_____

▶ **낱말과 표현**

今 지금 | 春 봄 | 夏 여름 | 秋 가을 | 冬 겨울

▶ 한국어 해석을 참고하여 밑줄 친 부분에 적절한 단어를 넣어 연습해 봅시다.

A   はじめまして、＿＿＿＿＿です。

B   はじめまして、＿＿＿＿＿です。

A   どうぞ よろしく おねがいします。

B   こちらこそ、どうぞ よろしく おねがいします。

A   ＿＿＿＿＿さんは ＿＿＿＿＿ですか。

B   はい、＿＿＿＿＿です。

    ＿＿＿＿＿さんも ＿＿＿＿＿ですか。

A   いいえ、私は ＿＿＿＿＿じゃ ありません。

    ＿＿＿＿＿です。

A   처음 뵙겠습니다. (본인 이름)입니다.

B   처음 뵙겠습니다. (본인 이름)입니다.

A   아무쪼록 잘 부탁합니다.

B   저야말로 아무쪼록 잘 부탁합니다.

A   B(상대 이름) 씨는 (직업1 or 국적1)입니까?

B   네, (직업1 or 국적1)입니다.

    A(상대 이름) 씨도 (직업1 or 국적1)입니까?

A   아니요, 저는 (직업1 or 국적1) 이/가 아닙니다.

    (직업2 or 국적2)입니다.

읽기 연습 ·· Reading

한국인 펜팔에게 첫 메시지 보내기

 Track 1-04-02

初めまして、立花香です。会社員です。

住まいは 東京じゃ ありません。大阪です。

どうぞ よろしく お願いします。

キムさんも 会社員ですか。お住まいは どこですか。

お返事 ください。

쓰기 연습 ·· Writing

① 저는 학생입니다.

② 그는 일본인입니다.

③ 그녀도 회사원입니까?

④ 저도 의사가 아닙니다.

⑤ 선생님은 한국인이 아닙니다.

> 📝 **Hint**
>
> 私　彼　彼女　先生
> 学生　会社員　医者
> 韓国人　日本人
>
> ~は　~も
> ~です
> ~ですか
> ~じゃ(では) ありません

▶ **낱말과 표현**

(お)住まい 사는 곳 | 東京 도쿄 | 大阪 오사카 | どこ 어디 | (お)返事 답장 | ください 주세요

問題 1 ＿＿＿＿＿ の ことばは どう よみますか。①・②・③・④から いちばん いい ものを ひとつ えらんで ください。

＿＿＿의 말은 어떻게 읽습니까? ①・②・③・④ 중에서 가장 알맞은 것을 하나 고르시오.

1 私は がくせいです。

① かれ　　　　② ぼく　　　　③ わたし　　　　④ あなた

問題 2 ＿＿＿＿＿ の ことばは どう かきますか。①・②・③・④から いちばん いい ものを ひとつ えらんで ください。

＿＿＿의 말은 어떻게 씁니까? ①・②・③・④ 중에서 가장 알맞은 것을 하나 고르시오.

2 せんせいは にほんじんです。

① 先生　　　　② 元壬　　　　③ 兄王　　　　④ 克牛

問題 3 (　　　)に なにを いれますか。①・②・③・④から いちばん いい ものを ひとつ えらんで ください。

(　　　)에 무엇을 넣습니까? ①・②・③・④ 중에서 가장 알맞은 것을 하나 고르시오.

3 すずきさん (　　　) かいしゃいんです。

① を　　　　② も　　　　③ へ　　　　④ だ

問題4 **つぎの ことばの つかいかたで いちばん いい ものを ①・②・③・④から ひとつ えらんで ください。**

다음 말의 사용 방식으로 가장 알맞은 것을 ①・②・③・④ 중에서 하나 고르시오.

4 ありません

① かれは ありませんじゃです。

② はじめましてじゃ ありませんは。

③ わたしは がくせいじゃ ありません。

④ あなたじゃは ありませんです。

問題5 **___★___ に はいる ものは どれですか。①・②・③・④から いちばん いい ものを ひとつ えらんで ください。**

___★___ 에 들어가는 것은 무엇입니까. ①・②・③・④ 중에서 가장 알맞은 것을 하나 고르시오.

5 _____ _____ ___★___ _____します。

① おねがい　　② どうぞ　　③ こちらこそ　　④ よろしく

<ruby>職業<rt>しょくぎょう</rt></ruby> 직업

<ruby>学生<rt>がくせい</rt></ruby>
학생

<ruby>主婦<rt>しゅふ</rt></ruby>／<ruby>主夫<rt>しゅふ</rt></ruby>
주부

<ruby>教師<rt>きょうし</rt></ruby>
교사

<ruby>会社員<rt>かいしゃいん</rt></ruby>
회사원

<ruby>公務員<rt>こうむいん</rt></ruby>
공무원

<ruby>医者<rt>いしゃ</rt></ruby>
의사

<ruby>銀行員<rt>ぎんこういん</rt></ruby>
은행원

<ruby>営業<rt>えいぎょう</rt></ruby>
영업직

<ruby>事務<rt>じむ</rt></ruby>
사무직

<ruby>看護師<rt>かんごし</rt></ruby>
간호사

アルバイト*
아르바이트

<ruby>無職<rt>むしょく</rt></ruby>
무직

* 약칭 バイト

それは 何<ruby>なん</ruby>ですか。

그것은 무엇입니까?

point

Track 1-05-01

李　それは 何(なん)ですか。

鈴木(すずき)　これは 鉛筆(えんぴつ)です。

李　それは 誰(だれ)の 鉛筆(えんぴつ)ですか。

鈴木(すずき)　この 鉛筆(えんぴつ)は 私(わたし)のです。

李　その 本(ほん)も 鈴木(すずき)さんのですか。

鈴木(すずき)　いいえ、これは 私(わたし)のじゃ ありません。

　　　山田(やまだ)さんのです。

▶ **낱말과 표현**

それ 그것 ｜ 何(なん・なに) 무엇 ｜ これ 이것 ｜ 鉛筆(えんぴつ) 연필 ｜ 誰(だれ) 누구 ｜ ～の ～의, ～의 것
この 이 ｜ その 그 ｜ 本(ほん) 책

68

01 지시대명사

	근칭	중칭	원칭	부정칭
사물	これ 이것	それ 그것	あれ 저것	どれ 어느 것
명사 수식	この 이	その 그	あの 저	どの 어느
장소	ここ (こちら) 여기	そこ (そちら) 거기	あそこ (あちら) 저기	どこ (どちら) 어디
방향	こっち (こちら) 이쪽	そっち (そちら) 그쪽	あっち (あちら) 저쪽	どっち (どちら) 어느 쪽

Tip

지시어는 모두 근칭부터 부정칭까지 각각 'こ·そ·あ·ど'로 시작되는 규칙을 지니기 때문에 지시어를 통틀어서 'こそあど'라고 부르는 경우가 많습니다. 'こそあど'를 순서대로 외우면 헷갈렸을 때 도움이 됩니다.

Tip

'こちら·そちら·あちら·どちら'는 장소와 방향, 둘 다 가리키는 말이며 보다 더 정중한 말투를 쓰는 상황에서 사용됩니다.

これは 何ですか。 → それは 時計です。
이것은 무엇입니까? → 그것은 시계입니다.

それは 何ですか。 → これは 眼鏡です。
그것은 무엇입니까? → 이것은 안경입니다.

あれは 何ですか。 → あれは 帽子です。
저것은 무엇입니까 → 저것은 모자입니다.

▶ 낱말과 표현

時計 시계 | 眼鏡 안경 | 帽子 모자

학습 포인트 .... Grammar

02 ~の ~의 (소유 · 속성)

これは 先生の かばんです。 이것은 선생님의 가방입니다.

あの 人は 私の 友達です。 저 사람은 제 친구입니다.

木村さんは 英語の 先生です。 기무라 씨는 영어 선생님입니다.

それは 何の 教科書ですか。 그것은 무슨 교과서입니까?

→ これは 日本語の 教科書です。 이것은 일본어 교과서입니다.

※ 何の → 무엇의 → 무슨

03 ~の ~의 것 (명사의 생략)

この 眼鏡は 私のです。 이 안경은 제 것입니다.

その 辞書は 先生のです。 그 사전은 선생님(의) 것입니다.

あの 靴は 佐藤さんのです。 저 신발은 사토 씨(의) 것입니다.

あの 時計は 私のじゃ ありません 。 저 시계는 저의 것이 아닙니다.

Tip

'가방'은 일본어로도 비슷한 발음으로 'かばん'이라고 하는데 원래 외래어이기 때문에 'カバン'이라고 가타카나로 쓰는 경우도 많습니다.

Tip

소유 · 속성을 나타내는 'の'는 한국어로 해석할 때 '의'를 붙이는 경우와 붙이지 않는 경우가 있습니다. 대체로 소유를 나타낼 때는 '의'를 붙이고 속성을 나타낼 때는 붙이지 않는 것이 일반적입니다. 그런데 일본어로는 명사를 수식해서 소유 · 속성을 나타낼 때는 반드시 'の'를 붙일 필요가 있기 때문에 주의가 필요합니다.

Tip

소유의 'の'는 뒤의 명사가 무엇인지 분명할 경우에는 그 명사를 생략한 형태로 쓰이며 한국어로 '~의 것'이라고 해석하는 것이 자연스럽습니다.

▶ **낱말과 표현**

先生 선생님 | かばん 가방 | 人 사람 | 友達 친구 | 英語 영어 | 何の 무슨 | 教科書 교과서 | 日本語 일본어 |
辞書 사전 | 靴 신발, 구두 |

▶ 아래 예와 같이 문장을 완성해 봅시다.

예)

 이것 　**A** <u>これ</u>は 何^{なん}ですか。 이것은 무엇입니까?

그것 　**B** <u>それ</u>は 鉛筆^{えん ぴつ}です。 그것은 연필입니다.

❶ 그것 　**A** ＿＿＿＿＿は 何^{なん}ですか。

이것 　**B** ＿＿＿＿＿は ＿＿＿＿＿＿＿＿＿です。

❷ 이것 　**A** ＿＿＿＿＿は 何^{なん}ですか。

그것 　**B** ＿＿＿＿＿は ＿＿＿＿＿＿＿＿＿です。

❸ 저것 　**A** ＿＿＿＿＿は 何^{なん}ですか。

저것 　**B** ＿＿＿＿＿は ＿＿＿＿＿＿＿＿＿です。

▶ **낱말과 표현**

携帯^{けいたい} 휴대폰 ｜ **あれ** 저것 ｜ 雑誌^{ざっ し} 잡지 ｜ 富士山^{ふ じ さん} 후지산

▶ 아래 예와 같이 문장을 완성해 봅시다.

예)

A これは 誰の 眼鏡ですか。 이것은 누구의 안경입니까?
だれ   め がね

B その 眼鏡は 私のです。 그 안경은 저의 것입니다.
     め がね わたし

저(나)

❶ A これは 誰の _____ですか。
              だれ

   B その _____は _____のです。

저(나)

❷ A これは 誰の _____ですか。
              だれ

   B その _____は _____のです。

선생님

❸ A これは 何の _____ですか。
              なん

   B それは _____の _____です。

일본어

▶ 낱말과 표현

傘 우산
かさ

72

응용 연습 .... Exercises 3

▶ 한국어 해석을 참고하여 밑줄 친 부분에 적절한 단어를 넣어 연습해 봅시다.

A　それは なんですか。

B　これは ＿＿＿＿＿＿＿＿＿ です。

A　それは だれの ＿＿＿＿＿＿＿＿＿ ですか。

B　この ＿＿＿＿＿＿＿＿＿ は わたしのです。

A　あの ＿＿＿＿＿＿＿＿＿ も ＿＿＿＿＿＿＿＿＿さんのですか。

B　いいえ、あれは わたしのじゃ ありません。

　　＿＿＿＿＿＿＿＿＿さんのです。

A　그것은 무엇입니까?

B　이것은 (물건1)입니다.

A　그것은 누구의 (물건1)입니까?

B　이 (물건1)은/는 제 것입니다.

A　저 (물건2)도 B(상대방 이름) 씨의 것입니까?

B　아니요, 저것은 제 것이 아닙니다.

　　(제3자 이름) 씨의 것입니다.

화폐 박물관에서

Track 1-05-02

これは 日本(にほん)の お金(かね)です。

これは 千円札(せんえんさつ)です。 この 人(ひと)は 野口英世(のぐちひでよ)です。

この 山(やま)は 富士山(ふじさん)です。 この 花(はな)は 桜(さくら)です。

それは 韓国(かんこく)の お金(かね)です。

あれは 中国(ちゅうごく)の お金(かね)です。

1엔　　　　　　5엔

10엔　　　　　50엔　　　　　　500엔

1,000엔　　　　　　　　　2,000엔

5,000엔　　　　　　　　10,000엔

Tip

1,000엔 지폐의 인물은 野口英世(のぐちひでよ)이다. 세균학자로, 황열병, 매독 연구로 세 차례나 노벨상 후보에 이름을 올렸으나, 일찍 사망하는 바람에 수상에는 이르지 못했다.

Tip

5,000엔 지폐의 인물은 樋口一葉(ひぐちいちよう)이다. 明治(めいじ)시대의 여류 소설가로, 24세에 폐결핵으로 요절했다. 대표작으로는 たけくらべ, にごりえ, 十三夜(じゅうさんや)가 있다.

Tip

10,000엔 지폐의 인물은 福澤諭吉(ふくざわゆきち)이다. 근대 일본을 대표하는 계몽 사상가로, 일본 근대화의 아버지로 불린다.

Tip

2,000엔 지폐는 2000년에 오키나와에서 열린 G8 정상회담을 기념해서 발행한 것으로 널리 통용되는 화폐는 아니다.

▶ **낱말과 표현**

(お)金(かね) 돈 | 千円札(せんえんさつ) 천 엔권 지폐 | 野口英世(のぐちひでよ) 노구치 히데요 | 山(やま) 산 | 花(はな) 꽃 | 桜(さくら) 벚꽃

❶ 이것은 누구의 신발입니까?

❷ 그것은 무슨 책입니까?

❸ 저 사람은 저의 친구입니다.

❹ 이 우산은 제 것입니다.

❺ 저것은 제 시계가 아닙니다. 선생님의 것입니다.

Hint

これ
それ
あれ
この
あの
誰 (だれ)
何 (なん)
私 (わたし)
先生 (せんせい)
友達 (ともだち)
人 (ひと)
靴 (くつ)
本 (ほん)
傘 (かさ)
時計 (とけい)
～は
～の
～です
～ですか
～じゃ(では)ありません

問題 1 ＿＿＿＿の ことばは どう よみますか。①・②・③・④から いちばん いい ものを
ひとつ えらんで ください。

＿＿＿의 말은 어떻게 읽습니까? ①・②・③・④ 중에서 가장 알맞은 것을 하나 고르시오.

1 あの ひとは 誰ですか。

① どれ　　　　② それ　　　　③ だれ　　　　④ かれ

問題 2 ＿＿＿＿の ことばは どう かきますか。①・②・③・④から いちばん いい ものを
ひとつ えらんで ください。

＿＿＿의 말은 어떻게 씁니까? ①・②・③・④ 중에서 가장 알맞은 것을 하나 고르시오.

2 これは なんですか。

① 可　　　　② 河　　　　③ 阿　　　　④ 何

問題 3 （　　　　）に なにを いれますか。①・②・③・④から いちばん いい ものを ひとつ
えらんで ください。

（　　　）에 무엇을 넣습니까? ①・②・③・④ 중에서 가장 알맞은 것을 하나 고르시오.

3 この かばんは わたし（　　　　）です。

① の　　　　② に　　　　③ は　　　　④ も

問題4 **つぎの ことばの つかいかたで いちばん いい ものを ①・②・③・④から ひとつ えらんで ください。**

다음 말의 사용 방식으로 가장 알맞은 것을 ①・②・③・④ 중에서 하나 고르시오.

4 あの

① <u>あの</u>は なんですか。

② <u>あの</u> ひとは だれですか。

③ これは だれの <u>あの</u>ですか。

④ これは <u>あのの</u> めがねですか。

問題5 **★ に はいる ものは どれですか。①・②・③・④から いちばん いい ものを ひとつ えらんで ください。**

<u>★</u> 에 들어가는 것은 무엇입니까. ①・②・③・④ 중에서 가장 알맞은 것을 하나 고르시오.

5 いいえ、_____ _____ ★_____ _____。

① わたしのじゃ　② かさは　③ ありません　④ この

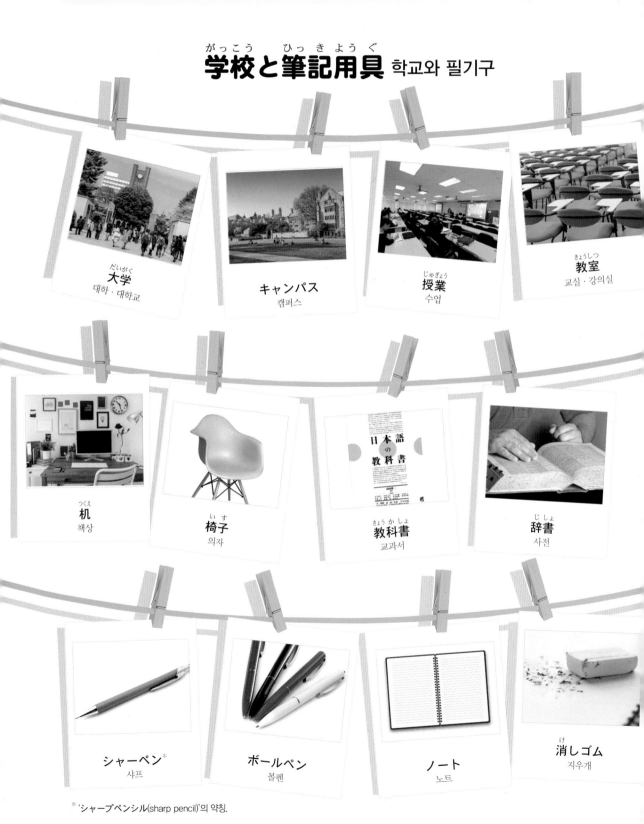

学校と筆記用具 <small>がっこう　ひっきようぐ</small> 학교와 필기구

大学 <small>だいがく</small>
대학 · 대학교

キャンパス
캠퍼스

授業 <small>じゅぎょう</small>
수업

教室 <small>きょうしつ</small>
교실 · 강의실

机 <small>つくえ</small>
책상

椅子 <small>いす</small>
의자

教科書 <small>きょうかしょ</small>
교과서

辞書 <small>じしょ</small>
사전

シャーペン*
샤프

ボールペン
볼펜

ノート
노트

消しゴム <small>け</small>
지우개

* 'シャープペンシル(sharp pencil)'의 약칭.

今 何時ですか。

いま なん じ

지금 몇 시입니까?

point

Track 1-06-01

朴〔パク〕　あの、高橋〔たかはし〕さん、今〔いま〕、何時〔なんじ〕ですか。

高橋〔たかはし〕　えっと、8時50分〔はちじごじっぷん〕です。

　　　次〔つぎ〕の授業〔じゅぎょう〕は 何時〔なんじ〕からですか。

朴〔パク〕　11時〔じゅういちじ〕からです。高橋〔たかはし〕さんは。

高橋〔たかはし〕　私〔わたし〕は 午後〔ごご〕 2時〔にじ〕から 4時〔よじ〕までです。

▶ **낱말과 표현**

あの 저……│今〔いま〕 지금│何時〔なんじ〕 몇 시│えっと 음……│時〔じ〕 시│分〔ふん〕 분│次〔つぎ〕 다음│授業〔じゅぎょう〕 수업│～から ～부터│
～まで ～까지│午後〔ごご〕 오후

01 　数字(すうじ) 숫자

0	1	2	3	4	5
ゼロ・れい	いち	に	さん	し・よん(よ)	ご

6	7	8	9	10	11
ろく	しち・なな	はち	きゅう・く	じゅう	じゅういち

2박자 리듬에 따라 빨리 말해 봅시다!

♪いち　にー　さん　しー　ごー　ろく　しち　はち　きゅう　じゅう
　1　　2　　3　　4　　5　　6　　7　　8　　9　　10

숫자에 익숙해지기

예)　　$1 + 2 =$ ___3___　（いち　たす　に　は*___さん___）

❶ $4 + 5 =$ _____　（よん　たす　ご　は_____）

❷ $7 + 3 =$ _____　（なな　たす　さん　は_____）

❸ $8 - 2 =$ _____　（はち　ひく　に　は_____）

❹ $11 - 4 =$ _____　（じゅういち　ひく　よん　は_____）

Tip

다시 한 번 강조합니다. '은/는'에 해당하는 조사 'は'는 'は(하)'라고 쓰지만 문자 그대로 'は(하)'라고 발음하지 않고 'わ(와)'라고 발음합니다.

▶ **낱말과 표현**

たす 더하기 ｜ ひく 빼기

02-1 ~時 ~시 Track 1-06-02

1시	2시	3시	4시	5시	6시
いちじ	にじ	さんじ	よじ	ごじ	ろくじ
7시	8시	9시	10시	11시	12시
しちじ	はちじ	くじ	じゅうじ	じゅういちじ	じゅうにじ
何時　なんじ　몇 시					

Tip

기본적으로 숫자에 'じ'를 붙이면
~시를 나타낼 수 있지만 발음이
바뀌는 것도 있으니 주의합시다.
4시 よんじ(×)　よじ(○)
9시 きゅうじ(×)　くじ(○)

02-2 ~分 ~분 Track 1-06-03

1분 단위		5분 단위	
1分	いっぷん	5分	ごふん
2分	にふん	10分	じっぷん(じゅっぷん)
3分	さんぷん	15分	じゅうごふん
4分	よんぷん	20分	にじっぷん(にじゅっぷん)
5分	ごふん	25分	にじゅうごふん
6分	ろっぷん	30分	さんじっぷん(さんじゅっぷん)
7分	ななふん	35分	さんじゅうごふん
8分	はちふん(はっぷん)	40分	よんじっぷん(よんじゅっぷん)
9分	きゅうふん	45分	よんじゅうごふん
10分	じっぷん(じゅっぷん)	50分	ごじっぷん(ごじゅっぷん)
		55分	ごじゅうごふん
몇 분	何分 なんぷん	반	半 はん
오전	午前 ごぜん	오후	午後 ごご
		전	前 まえ

Tip

기본적으로 숫자에 'ふん'을 붙
이면 '~분'을 나타낼 수 있지만
발음이 바뀌는 것도 있으니 주의
합시다. 주의할 발음은 다음과
같습니다.
1분, 3분, 4분, 6분, 10분, 몇 분

Tip

10분은 じっぷん이라고도 읽고
じゅっぷん이라고도 읽습니다.

시간 말해 보기

❶ 7:00 → しちじです。

❷ 4:15 → よじ じゅうごふんです。

❸ 9:30 → くじ さんじっぷんです。

03

～から　～まで ～부터 ～까지

日本語の 授業は 何時から 何時までですか。

일본어 수업은 몇 시부터 몇 시까지입니까?

午前 8時から 午後 1時までです。

오전 8시부터 오후 1시까지입니다.

銀行は 何時から 何時までですか。

은행은 몇 시부터 몇 시까지입니까?

銀行は 午前 9時から 午後 4時までです。

은행은 오전 9시부터 오후 4시까지입니다.

04

電話番号 전화번호

電話番号は 何番ですか。

전화번호는 몇 번입니까?

010 │ 2345 │ 6789 です。

(ぜろいちぜろ の にいさんよんごう の ろくななはちきゅう)

010–2345–6789입니다.

Tip

번호를 말할 때 박자를 맞추기 위해 2(にー)5(ごー)처럼 2박자로 말합니다. 또 오해가 생기는 것을 막기 위해 4는 よん, 7는 なな, 9는 きゅう를 쓰는 것이 일반적입니다.

▶ **낱말과 표현**

午前 오전 │ **銀行** 은행 │ **何番** 몇 번 │ **の** (-) 다시

▶ 아래 예와 같이 문장을 완성해 봅시다.

예)

A 今、何時ですか。 지금 몇 시입니까?
いま なんじ

B 今、10時20分です。 지금 10시 20분입니다.
いま じゅうじ にじっぷん

❶

A 今、何時ですか。
いま なんじ

B _____ です。

❷

A 今、何時ですか。
いま なんじ

B _____ です。

❸

A 今、何時ですか。
いま なんじ

B _____ です。

❹

A 今、何時ですか。
いま なんじ

B _____ です。

❺

A 今、何時ですか。
いま なんじ

B _____ です。

❻

A 今、何時ですか。
いま なんじ

B _____ です。

▶ 주어진 질문에 예와 같이 대답해 봅시다.

① _____ さんの 携帯の 番号は 何番ですか。

　예) 010-7986-3542です。 _____

② 授業は 何時から 何時までですか。

　예) じゅういちじから いちじまでです。 _____

③ 今、何時ですか。

　예) じゅうじ じっぷんです。 _____

▶ 한국어 해석을 참고하여 밑줄 친 부분에 적절한 단어를 넣어 연습해 봅시다.

A　あの、_____さん、今、何時ですか。

B　えっと、_____時_____分です。次の 授業は 何時からですか。

A　_____時からです。_____さんは？

B　私は_____から_____までです。

A　저…… _____씨, 지금 몇 시입니까?

B　음…… _____시 _____분입니다. 다음 수업은 몇 시부터입니까?

A　_____시부터입니다. _____씨는?

B　저는 _____부터 _____까지입니다.

▶ **낱말과 표현**

番号 번호

Track 1-06-04

今日は 学校の 授業が 午前 9時から 午後 6時までです。

明日は 日本語の 会話の 試験です。試験は 10時からです。

試験の 後は 友だちと 食事です。

そして、その後は バイトです。バイトは 午後 4時から 8時
半までです。

❶ 지금 몇 시입니까?

❷ 3시 20분입니다.

❸ 수업은 오전 9시부터 11시까지입니다.

❹ 시험은 오후 2시부터입니다.

❺ 지금은 4시 10분입니다.

Hint

時
分
何時
午前
午後
今
授業
試験
〜から
〜まで

▶ **낱말과 표현**

今日 오늘 | **学校** 학교 | **〜が** 〜이/가 | **明日** 내일 | **会話** 회화 | **試験** 시험 | **後** 후 | **〜と** 〜과/와 | **食事** 식사 |
そして 그리고 | **その後** 그 후 | **バイト(アルバイト의 준말)** 아르바이트

86

JLPTに 도전!! ·························· Actual practice

問題 1 _____の ことばは どう よみますか。①・②・③・④から いちばん いい ものを
ひとつ えらんで ください。

_____의 말은 어떻게 읽습니까? ①・②・③・④ 중에서 가장 알맞은 것을 하나 고르시오.

1 いま 何時ですか。

　　① いつも　　　　② いつか　　　　③ なにじ　　　　④ なんじ

2 しけんは 午後 3時からです。

　　① ごこ　　　　② ここ　　　　③ ごご　　　　④ こご

3 いま 4時 30分です。

　　① よんじ　　　　② よつじ　　　　③ しじ　　　　④ よじ

問題 2 (　　　)に なにを いれますか。①・②・③・④から いちばん いい ものを ひとつ
えらんで ください。

(　　　)에 무엇을 넣습니까? ①・②・③・④ 중에서 가장 알맞은 것을 하나 고르시오.

4 じゅぎょうは 9時から 2時 (　　　) です。

　　① から　　　　② まえ　　　　③ まで　　　　④ あと

問題 3 つぎの ことばの つかいかたで いちばん いい ものを ①・②・③・④から ひとつ
えらんで ください。

다음 말의 사용 방식으로 가장 알맞은 것을 ①・②・③・④ 중에서 하나 고르시오.

5 はん

　　① いま、はんじですか。　　　　② いま、1じ はんです。

　　③ いま、1じ はんぷんです。　　　　④ いま、1じ 30ぷん はんです。

일본 문화 탐방

▶ アニメ 애니메이션

일본 애니메이션은 1960년대부터 手塚治虫
(데즈카 오사무/1928-1989)에 의해 급격하게
성장했습니다. 가장 유명한 手塚 작품은 바로
〈鉄腕アトム(철완 아톰)〉(1963-66)이죠. 이
작품이 현재 30분 편성 TV 애니메이션의 시초
라고 합니다. 이후 手塚 작품에 영향을 받은 藤
子·F·不二雄(후지코 F 후지오/1933-1996)
의 〈ドラえもん(도라에몽)〉(1973-)이나 松本
零士(마쓰모토 레이지/1938-)의 〈銀河鉄道
999(スリーナイン)(은하철도 999)〉(1978-81)
등 만화를 원작으로 한 TV 애니메이션들이 흥
행에 성공하면서 일본 애니메이션 성장에 기여
했습니다.

▲ 도라에몽
▶ 은하철도999

한편, 극장판 애니메이션의 거장이라 하면
宮崎駿(미야자키 하야오/1941-)죠. 宮崎는
〈ルパン三世 カリオストロの城(루팡 3세 -
칼리오스트로의 성)〉(1979)로 장편 영화 애니
메이션 감독으로서 데뷔했습니다. 이후 총 11
개의 장편 영화 애니메이션을 자신의 감독 작
품으로 발표했습니다. 그 중에서도 일본적 정
서가 담긴 〈となりのトトロ(이웃집 토토
로)〉(1988)와 〈千と千尋の神隠し(센과 치히로
의 행방불명)〉(2001)는 세계적으로도 인지도가
높은 인기 작품입니다.

▲ 이웃집 토토로
◀ 철완 아톰. 우리나라
에서는 '우주 소년 아
톰'으로 방영됨

▶ ドラマ 드라마

일본 TV 드라마의 골든 타임은 오후 9~11시입니다. 주요 민간방송의 경우 요일마다 일주일에 1회, 1시간 편성으로 주력 드라마를 이 골든 타임에 방영합니다. 한국 드라마는 일주일에 2회씩 하는 경우가 많으니 일주일에 한 번밖에 없다는 건 참 답답하겠죠? 게다가 1시간짜리 드라마라 해도 민간 방송의 경우, 방송 중에 광고가 들어가기 때문에 실질적으로 1회 내용은 40분 정도입니다. 대체로 8~12회 정도로 마지막 회를 맞이하기 때문에 한국 드라마보다 훨씬 짧게 느껴집니다. 그래서 종영 드라마라면 첫회부터 마지막회까지 몰아서 하루 만에 볼 수도 있습니다. 그렇지만 밤샘은 조심!

예전에는 연애 드라마가 인기를 끄는 경우

가 많았지만, 2010년대 이후의 인기 드라마는 〈家政婦のミタ(가정부 미타)〉(2011), 〈半沢直樹(한자와 나오키)〉(2013) 등 사회적 문제와 인간관계를 담은 드라마가 대세를 이루고 있습니다.

그 중 2016년 가을에 유행어, 유행가, 유행춤 등으로 사회 현상이 된 〈逃げるは恥だが役に立つ(도망치는 건 부끄럽지만 도움이 된다)〉는 연애를 다룬 드라마이면서도 예전에는 없었던 현대인들의 새로운 연애관을 그린 작품으로 주목 받았습니다.

◀ 가정부 미타

▼ 도망치는 건 부끄럽지만 도움이 된다

◀ 한자와 나오키

<ruby>体<rt>からだ</rt></ruby> 몸

首[*] (くび) 목

頭 (あたま) 머리

肩 (かた) 어깨

腕 (うで) 팔

胸 (むね) 가슴

おなか／腹 (はら) 배

手 손

背中 (せなか) 등

肘 (ひじ) 팔꿈치

腰 (こし) 허리

指^{**} (ゆび) 손가락

お尻 (しり) 엉덩이

脚／足^{***} (あし／あし) 다리/발

* 목둘레 전체를 '菅'라고 하고 목구멍(인두)은 'のど'라고 부른다.
** 손가락과 발가락을 굳이 구별할 때는 '手の指–손가락', '足の指–발가락'라고 부른다.
*** '다리'도 발'도 둘 다 'あし'라고 부르는데 한자 표기는 '다리'와 '발'을 구별하여 각각 '脚–다리', '足–발'이라고 표기한다.

お誕生日は いつですか。

たんじょう び

생일은 언제입니까?

point

01 曜日 요일
ようび

02 日付 날짜
ひづけ

회화 ························· Dialogue

Tip
お誕生日の「お」は 상대방에 경의를 표현하는 데 쓰이기 때에 자신에게는 쓰지 않습니다.

1

崔　今日は 何曜日ですか。

田中　火曜日です。

崔　じゃ、明日は 水曜日ですね。

2 Track 1-07-02

田中　チェさん、誕生日は いつですか。

崔　4月 8日です。

田中　え？ 明日ですね。

　　チェさん、お誕生日、おめでとうございます。

▶ **낱말과 표현**

今日 오늘 | 何曜日 무슨 요일 | 火曜日 화요일 | じゃ 그럼 | 明日 내일 | 水曜日 수요일 | ですね ～이네요, ～군요
| 誕生日 생일 | いつ 언제 | え？ 어? | おめでとうございます 축하합니다

92

01 曜日 요일

月 월요일	火 화요일	水 수요일	木 목요일	金 금요일	土 토요일	日 일요일	무슨 요일
げつ ようび	か ようび	すい ようび	もく ようび	きん ようび	ど ようび	にち ようび	なん ようび

그저께	어제	오늘	내일	모레
おとといい	きのう	きょう	あした	あさって

요일 묻고 답하기

❶ 오늘은 무슨 요일입니까? → 오늘은 _____요일입니다.
今日は 何曜日ですか。 → 今日は _____曜日です。

❷ 내일은 무슨 요일입니까? → 내일은 _____요일입니다.
明日は 何曜日ですか。 → 明日は _____曜日です。

❸ 어제는 무슨 요일이었습니까? → 어제는 _____요일이었습니다.
昨日は 何曜日でしたか。 → 昨日は _____曜日でした。

▶ **낱말과 표현**

でした 이었습니다(です의 과거형)

학습 포인트 •••••••••••••••••••••••••••••••••• Grammar

02-1 ～月(がつ) ～월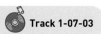

1月	2月	3月	4月	5月	6月
いち がつ	に がつ	さん がつ	し がつ	ご がつ	ろく がつ
7月	8月	9月	10月	11月	12月
しち がつ	はち がつ	く がつ	じゅう がつ	じゅういち がつ	じゅうに がつ

02-2 ～日(にち) ～일

日 にち	月 げつ	火 か	水 すい	木 もく	金 きん	土 ど
	1 ついたち	2 ふつか	3 みっか	4 よっか	5 いつか	6 むいか
7 なのか	8 ようか	9 ここのか	10 とおか	11 じゅう いちにち	12 じゅう ににち	13 じゅう さんにち
14 じゅう よっか	15 じゅう ごにち	16 じゅう ろくにち	17 じゅう しちにち	18 じゅう はちにち	19 じゅう くにち	20 はつか
21 にじゅう いちにち	22 にじゅう ににち	23 にじゅう さんにち	24 にじゅう よっか	25 にじゅう ごにち	26 にじゅう ろくにち	27 にじゅう しちにち
28 にじゅう はちにち	29 にじゅう くにち	30 さんじゅう にち	31 さんじゅう いちにち			

▶ 아래 예와 같이 문장을 완성해 봅시다.

예)

A 今日は 何月 何日ですか。 오늘은 몇 월 며칠입니까?

B 今日は 7月 7日です。 오늘은 7월 7일입니다.

A 何曜日ですか。 무슨 요일입니까?

B 水曜日です。 수요일입니다.

❶ **A** 明日は 何月 何日ですか。

　 B 明日は ＿＿＿＿＿＿＿＿＿＿＿＿＿＿です。

　 A 何曜日ですか。

　 B ＿＿＿＿＿＿＿＿曜日です。

❷ **A** 昨日は 何月 何日でしたか。

　 B 昨日は ＿＿＿＿＿＿＿＿＿＿＿＿＿でした。

　 A 何曜日でしたか。

　 B ＿＿＿＿＿＿＿＿曜日でした。

▶ **낱말과 표현**

昨日 어제

▶ 주어진 질문에 예와 같이 대답해 봅시다.

① 日本語の 授業は 何曜日ですか。

예) 月曜日です。

_____

② 今日は 何月 何日ですか。

예) 5月 10日です。

_____

③ お誕生日は いつですか。

예) 4月 15日です。

_____

④ 夏休み/冬休みは いつからですか。

예) 6月 22日からです。

_____

▶ 낱말과 표현

授業 수업 │ **夏休み** 여름방학 │ **冬休み** 겨울방학

▶ 한국어 해석을 참고하여 밑줄 친 부분에 적절한 단어를 넣어 연습해 봅시다.

1)
A   今日は 何曜日ですか。

B   _____です。

A   じゃ、明日は _____ですね。

A   오늘 무슨 요일입니까?
B   _____입니다.
A   그럼 내일은 _____이네요.

2)
A   _____さん、誕生日は いつですか。

B   _____月 _____日です。

A   え? 明日ですね。

    _____さん、お誕生日、おめでとうございます。

A   _____ 씨, 생일은 언제입니까?
B   ___월 ____일입니다.
A   어? 내일이네요.

    _____ 씨, 생일 축하합니다.

읽기 연습 .... Reading

Track 1-07-05

私の 誕生日は 10月 2日です。明日は 私の 誕生日です。

私は 大学 2年生で、趣味は カラオケです。

佐藤さんは 私の 友だちです。誕生日は 4月 15日です。

大学 3年生で、趣味は テニスです。

今日から 学園祭です。学園祭は 火曜日から 金曜日までです。

Tip
'대학 축제'는 '大学祭' 또는 '学祭'
라고 부르는 경우도 많습니다.

쓰기 연습 .... Writing

❶ 오늘은 무슨 요일입니까?

❷ 생일은 언제입니까?

❸ 시험은 언제부터 언제까지입니까?

❹ 내일은 9월 20일 월요일입니다. ('20일'은 히라가나로 쓸 것.)

❺ 생일 축하합니다.

 Hint

今日 明日 いつ
～月 何曜日 月曜日
二十日 誕生日 試験
～から ～まで
おめでとうございます

▶ **낱말과 표현**

誕生日 생일 | **大学** 대학교 | **～年生** ～학년 | **～で** ～이고 | **趣味** 취미 | **カラオケ** 가라오케(노래방에서 노래 부르기) |
友だち 친구 | **テニス** 테니스 | **学園祭** 학교 축제 | **金曜日** 금요일

問題 1 ＿＿＿＿の ことばは どう よみますか。①・②・③・④から いちばん いい ものを
ひとつ えらんで ください。

＿＿＿의 말은 어떻게 읽습니까? ① · ② · ③ · ④ 중에서 가장 알맞은 것을 하나 고르시오.

1 お誕生日は いつですか。

① たんじょうひ　② たんじょうび　③ だんじょうひ　④ だんじょうび

2 きのうは 月曜日でした。

① がつようび　② かつようび　③ げつようび　④ けつようび

3 きょうは 4月 1日です。

① よんげつ　② しげつ　③ よがつ　④ しがつ

問題 2 （　　　）に なにを いれますか。①・②・③・④から いちばん いい ものを ひとつ
えらんで ください。

（　　）에 무엇을 넣습니까? ① · ② · ③ · ④ 중에서 가장 알맞은 것을 하나 고르시오.

4 なつやすみは （　　　）からですか。

① どこ　② なに　③ だれ　④ いつ

5 こどもの日は 5月 （　　　）です。

① いつか　② いつつ　③ ごがつ　④ ごふん

▶ 外食文化 외식 문화

がいしょくぶんか

밖에서 간단하게 밥을 먹고 싶을 때, 많은 일본 사람들이 찾는 곳은 어딜까요? 그것은 바로 '定食屋(정식집)'와 'ファミリーレストラン(패밀리 레스토랑)'입니다.

ていしょく や

'定食屋'는 '牛丼(쇠고기 덮밥)'을 주 메뉴로 하는 '吉野家'나 '松屋'와 같은 '牛丼屋'와, '大戸屋'나 'やよい軒'과 같은 가정식 음식점으로 나누어집니다. 체인점이 많지만 개인이나 소규모로 운영하는 가게도 많이 있습니다. 점포 크기는 작은 편이고 한국의 김밥 전문점과 같은 분위기입니다. '丼もの(덮밥류)'나 일반 가정요리를 중심으로 300~1000엔 정도의 저렴한 가격으로 먹을 수 있습니다.

'ファミリーレストラン'은 대부분 체인점이며 가격이 싸기 때문에 '定食屋' 못지 않게 대중적인 음식점이라고 할 수 있습니다. 서양 요리가 중심이지만 일본 요리도 있어 '定食屋'보다 메뉴가 다양하고 'ドリンクバー(드링크바)'로 음료(술은 제외)를 무한리필 할 수 있다는 것이 강점입니다. 유명한 전국 체인으로 'サイゼリヤ', 'ガスト' 등이 있고 '定食屋'와 마찬가지로 대부분 300~1000엔 정도의 저렴한 가격으로 한 끼 식사를 해결할 수 있습니다.

▲ 함박스테이크
◀ 쇠고기덮밥

▶ 正月(しょうがつ) 설

'正月(しょうがつ)'는 한국의 '설' 명절에 해당하는 연중 행사입니다. 그런데 일본에서는 구정이 아니라 신정을 쇠기 때문에 양력 1월 1일을 기점으로 새해 초 며칠 동안을 '正月(しょうがつ)'라고 부르고 공휴일로 지정된 1월 3일까지를 '三が日(さんにち)'라고 부릅니다. 12월 29일부터 쉬는 날이 되는 경우가 많으니 매우 긴 연휴가 되겠죠.

새해 첫날인 1월 1일은 '元旦(がんたん)'이라 부르고 이날 아침에 사람들은 한 해의 행운을 기원하기 위해 근처에 있는 절이나 신사, 혹은 전국적으로 유명한 큰 절이나 큰 신사에 갑니다. 이를 첫 참배라는 뜻으로 '初詣(はつもうで)'라고 합니다.

'正月(しょうがつ)'에는 'お節料理(せちりょうり)'라는 음식을 먹습니다. 이것은 '三が日(さんにち)'에는 집안일을 쉴 수 있도록 보존이 잘 되는 음식을 연말에 미리 만들어 놓고 '重箱(じゅうばこ)'라는 층층이 포갤 수 있는 상자 그릇에 담아 놓은 것입니다. 최근에는 만드는 시간

까지 절약하자고 백화점이나 마트, 편의점에서도 'お節料理(せちりょうり)'를 파는데 연말연시의 판매 전쟁이 갈수록 심해지고 있습니다.

▶ 주바코
▼ 오세치료리

▶ 하쓰모데

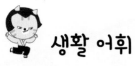
顔 얼굴

頭
머리

おでこ／額
이마

髪／髪の毛
머리카락

耳
귀

舌
혀

口
입

ひげ
수염

眉毛
눈썹

目
눈

まつげ
속눈썹

あご
턱

鼻
코

唇
입술

歯
이

ほお／ほっぺた
볼, 뺨

いくらですか。

얼마입니까?

point

01 値段 가격
<small>ねだん</small>

02 年齢 나이
<small>ねんれい</small>

🎵 Track 1-08-01

店員　いらっしゃいませ。

朴　　あの、すみません。

　　　この ケーキは いくらですか。

店員　２７０円です。

朴　　コーヒーは いくらですか。

店員　コーヒーは ３２０円です。

朴　　じゃ、ケーキ ひとつと コーヒーを ふたつ

　　　ください。

店員　はい、全部で ９１０円です。

▶ 낱말과 표현

いらっしゃいませ 어서 오세요 │ あの 저…… │ すみません 실례합니다 │ ケーキ 케이크 │ いくら 얼마 │

コーヒー 커피 │ じゃ 그럼 │ ひとつ 한 개 │ ふたつ 두 개 │ ～と ～과(와) │ ～を ～을(를) │ ください 주세요 │

全部で 모두 해서

학습 포인트 ·· Grammar

01 **値段** 가격
ね だん

10 じゅう	100 ひゃく	1,000 せん	10,000 いちまん	100,000 じゅうまん
20 にじゅう	200 にひゃく	2,000 にせん	20,000 にまん	1,000,000 ひゃくまん
30 さんじゅう	300 さんびゃく	3,000 さんぜん	30,000 さんまん	10,000,000 いっせんまん
40 よんじゅう	400 よんひゃく	4,000 よんせん	40,000 よんまん	100,000,000 いちおく
50 ごじゅう	500 ごひゃく	5,000 ごせん	50,000 ごまん	円 えん 엔
60 ろくじゅう	600 ろっぴゃく	6,000 ろくせん	60,000 ろくまん	ウォン 원
70 ななじゅう	700 ななひゃく	7,000 ななせん	70,000 ななまん	元 げん 위안
80 はちじゅう	800 はっぴゃく	8,000 はっせん	80,000 はちまん	ドル 달러
90 きゅうじゅう	900 きゅうひゃく	9,000 きゅうせん	90,000 きゅうまん	ユーロ 유로

> **Tip**
>
> 한국어로 10000은 보통 '만'이라
> 고 하지만 일본어로는 반드시 '이
> 치'을 붙여서 '이치만(일만)'이
> 라고 합니다.

큰 숫자 말해 보기

❶ 350円 → _____ えん

❷ 1,980円 → _____ えん

❸ 3,600円 → _____ えん

❹ 18,800円 → _____ えん

❺ 177,000円 → _____ えん

02 年齢 ねんれい 나이

1살	2살	3살	4살	5살	6살
いっさい	にさい	さんさい	よんさい	ごさい	ろくさい
7살	8살	9살	10살	20살	21살
ななさい	はっさい	きゅうさい	じっさい じゅっさい	はたち	にじゅう いっさい

Tip

일본에서는 나이를 만으로 셉니다.

가족 나이 말해 보기

❶ 17살 → _____ です。

❷ 20살 → _____ です。

❸ 45살 → _____ です。

❹ 52살 → _____ です。

❺ 76살 → _____ です。

Tip

나이를 묻는 표현에는 '何歳です 하사이 か(몇 살입니까?)'와 'おいくつで すか(연세가 어떻게 되십니까?)' 가 있습니다. 'いくつですか'는 상황에 따라 '몇 개입니까?'가 될 수도 있습니다.

いくつ 몇 개, 몇 살				
하나	둘	셋	넷	다섯
ひとつ	ふたつ	みっつ	よっつ	いつつ
여섯	일곱	여덟	아홉	열
むっつ	ななつ	やっつ	ここのつ	とお

▶ 아래 예와 같이 문장을 완성해 봅시다.

예)

550えん

A うどんは いくらですか。 우동은 얼마입니까?

B ごひゃく ごじゅうえんです。 550엔입니다.

❶ 860えん

A とんかつは いくらですか。

B _____えんです。

❷ 980えん

A お好み焼きは いくらですか。

B _____えんです。

❸ 1300えん

A すし定食は いくらですか。

B _____えんです。

❹ 340えん

A 牛丼は いくらですか。

B _____えんです。

❺ 730えん

A ラーメンは いくらですか。

B _____えんです。

▶ 낱말과 표현

うどん 우동 | とんかつ 돈가스 | お好み焼き 일본식 부침개 | すし 초밥 | 定食 정식 | 牛丼 쇠고기 덮밥

▶ 한국어 해석과 메뉴를 참고하여 밑줄 친 부분에 적절한 단어를 넣어 연습해 봅시다.

A　いらっしゃいませ。

B　あの、すみません。

　　この _____ は いくらですか。

A　_____円です。

B　_____ は いくらですか。

A　_____円です。

B　じゃ、_____ ひとつと

　　_____を ふたつ ください。

A　はい、全部で _____円です。

◆ メニュー　menu　메뉴

お好み焼き	定食	牛丼
680えん	1300えん	320えん
たこやき	うどん	ラーメン
400えん	280えん	570えん

A　어서 오세요.

B　저…… 실례합니다. 이 메뉴1은/는 얼마입니까?

A　____엔 입니다.

B　메뉴2은/는 얼마입니까?

A　_____엔입니다.

B　그럼, 메뉴1 하나와 메뉴2을/를 두 개 주세요.

A　네, 다해서 _____엔입니다.

▶ 낱말과 표현

たこやき 다코야키

읽기 연습 ·········· Reading

Track 1-08-02

今日は トンデムン市場に 行きました。かわいい セーターが ３万ウォンでした。スカートは ２万 ８千ウォンでした。靴は １万ウォンでした。とても 安いです。それで 私は 靴を ２足 も 買いました。全部で ７万 ８千ウォンでした。

쓰기 연습 ·········· Writing

❶ 어서 오세요.

❷ 이 책은 얼마입니까?

❸ 몇 살입니까?

❹ 저 시계는 6,300엔입니다.

❺ 그럼, 우동과 돈가스를 주세요.

 Hint

何歳

いくら

円

本

時計

うどん

とんかつ

この

あの

じゃあ

〜と

〜を ください

いらっしゃいませ

▶ **낱말과 표현**

トンデムン市場 동대문 시장 | 〜に 〜에 | 行きました 갔습니다 | かわいい 귀여운 | セーター 스웨터 | 〜が 〜이/가 | ウォン 원 | 〜でした 〜이었습니다 | スカート 스커트 | 靴 신발, 구두 | とても 매우, 아주 | 安い 싸다 | それで 그래서 | 〜足 〜켤레 | 〜も 〜(이)나 | 買いました 샀습니다

問題 1 ＿＿＿＿＿ の ことばは どう よみますか。①・②・③・④から いちばん いい ものを
ひとつ えらんで ください。

＿＿＿의 말은 어떻게 읽습니까? ①·②·③·④ 중에서 가장 알맞은 것을 하나 고르시오.

1 私は 22歳で、いもうとは <u>20歳</u>です。

     ① はたつ   ② はたち   ③ はだつ   ④ はだち

2 カツどんは <u>600</u>円で、ラーメンは 550円です。

     ① ろくひゃく   ② ろくびゃく   ③ ろっびゃく   ④ ろっぴゃく

問題 2 （　　　　）に なにを いれますか。①・②・③・④から いちばん いい ものを ひとつ
えらんで ください。

（　　　　）에 무엇을 넣습니까? ①·②·③·④ 중에서 가장 알맞은 것을 하나 고르시오.

3 A「この ケーキは （　　　　） ですか。」

   B「それは 350円です。」

     ① いつ   ② いつか   ③ いくら   ④ いくつ

4 じゃ、コーヒーと サンドイッチ （　　　　） ください。

     ① が   ② に   ③ へ   ④ を

5 A 「おいくつですか。」

B 「（　　　　）です。」

① にじゅうごさい　　　　　　② にじ

③ にひゃくえん　　　　　　　④ にがつ

問題 3 ＿＿ ★ ＿＿ に はいる ものは どれですか。①・②・③・④から いちばん いい ものを ひとつ えらんで ください。

＿＿★＿＿ 에 들어가는 것은 무엇입니까. ①·②·③·④ 중에서 가장 알맞은 것을 하나 고르시오.

6 ぜんぶで ＿＿＿＿ ＿＿＿＿ ＿★＿ ＿＿＿＿円です。

① はっぴゃく　　② はっせん　　③ はちじゅう　　④ はちまん

7 ＿＿＿＿ ＿＿＿＿ ＿★＿ ＿＿＿＿ですか。

① この　　　　　② は　　　　　③ 本　　　　　④ いくら

▶ 祝日(しゅくじつ) 공휴일

일본의 공휴일은 국민 모두가 그날을 축하하고 감사하며 또는 기념한다고 하여 '国民の祝日(こくみんのしゅくじつ)(국민의 축일)'라고 부르며, 아래 표와 같이 공휴일이 월요일인 경우와 천황과 관련된 날이 많은 것이 특징이라고 할 수 있습니다.

날짜	명칭	비고
1월 1일	元日(がんじつ)(신정)	
1월 둘째 월요일	成人(せいじん)の日(ひ)(성인의 날)	2000년부터 월요일로 바뀜.
2월 11일	建国記念(けんこくきねん)の日(ひ)(건국기념의 날)	초대 천황이 즉위한 날.
3월 20~21일	春分(しゅんぶん)の日(ひ)(춘분의 닐)	
4월 29일	昭和(しょうわ)の日(ひ)(쇼와의 날)	쇼와 천황의 탄생일.
5월 3일	憲法記念日(けんぽうきねんび)(헌법기념일)	
5월 4일	みどりの日(ひ)(녹색의 날)	
5월 5일	こどもの日(ひ)(어린이날)	
7월 셋째 월요일	海(うみ)の日(ひ)(바다의 날)	2002년부터 월요일로 바뀜.
8월 11일	山(やま)の日(ひ)(산의 날)	2016년부터 실시됨.
9월 셋째 월요일	敬老(けいろう)の日(ひ)(경로의 날)	2002년부터 월요일로 바뀜.
9월 22~23일	秋分(しゅうぶん)の日(ひ)(추분의 날)	
10월 둘째 월요일	体育(たいいく)の日(ひ)(체육의 날)	
11월 3일	文化(ぶんか)の日(ひ)(문화의 날)	메이지 천황의 탄생일
11월 23일	勤労感謝(きんろうかんしゃ)の日(ひ)(근로감사의 날)	천황의 궁중행사가 행해짐.
12월 23일	天皇誕生日(てんのうたんじょうび)(천황탄생일)	현 천황의 탄생일.

公共交通機関 대중교통
こうきょうこうつう き かん

일본에 여행 시 버스를 대절하거나 렌터카로 이동할 수도 있지만, 특히 자유여행이라면 대중교통을 이용할 때가 많습니다. 그때 싸고 편안하게 갈 수 있다면 더욱 좋겠지요. 일본 여행지로서는 대체로 도쿄를 가장 선호하기 때문에, 여기서는 도쿄 여행을 계획하는 데 도움이 되는 도쿄의 대중교통 이용법을 알아봅니다.

대중교통을 이용할 때 일일이 표를 구매하면 번거롭기 때문에 교통카드를 이용하는 게 좋습니다. 도쿄에서는 스이카(Suica)와 파스모(PASMO)가 있는데, 카드를 구매하고 충전하여 쓸 수 있습니다. 한국처럼 환승 요금 혜택은 없지만, 통상 요금보다 2% 정도 할인되며 가게에 따라서는 쇼핑이나 식사도 교통카드로 결재할 수 있습니다. 이들 카드는 수도권뿐만 아니라 홋카이도에서 규슈까지 다른 지역에서도 쓸 수 있습니다.

어디를 가느냐에 따라 그에 맞는 자유승차권을 구매하면 보다 저렴하게 여행할 수 있습니다. 흔히 도쿄라고 하지만 정확하게는 도쿄도(東京都)이며, 도쿄시는 없고 도쿄특별구(東京特別区)입니다. 도쿄의 중심부인 특별구 내를 관광할 때는 도쿄메트로(東京メトロ) 24시간 승차권(600엔)을 구매하여 지하철을 이용하면 좋습니다. 도쿄메트로는 민영회사이며 9개 노선이 있는데, 가는 곳에 따라 도쿄도가 운영하는 도영지하철(都営地下鉄) 4개 노선도 공통적으로 탈 수 있는 일일승차권(1000엔)을 사면 더 많은 관광지를 볼 수 있지요. 도쿄도가 운영하는 지하철뿐만 아니라 버스나 전철을 자유롭게 하루 이용할 수 있는 승차권(700엔)도 있습니다. 이 밖에도 편리하고 저렴한 티켓이 많으며 목적지에 따라 잘 이용하면 좋습니다.

생활 어휘 ···························· Vocabulary

メニュー 메뉴

定食
ていしょく
정식

ランチ
점심특선

カレーライス
카레라이스

ハンバーグ
햄버그스테이크

サンドイッチ
샌드위치

サラダ
샐러드

お好み焼き
この　や
오코노미야키

焼きそば
や
야키소바

とんかつ
돈가스

から揚げ
あ
일본식 닭튀김

天ぷら
てん
튀김요리

かつ丼
どん
돈가스 덮밥

日本語は
おもしろいです。

일본어는 재미있습니다.

point

01 형용사 (い형용사, な형용사)

02 〜は どうですか。 〜은/는 어떻습니까?

 **Track 1-09-01**

渡辺 カンさん、日本語の 勉強は どうですか。

姜　とても おもしろいです。

　　渡辺さん、韓国語の 授業は どうですか。

渡辺 楽しいです。でも、ちょっと むずかしいです。

姜　そうですか。韓国語の 先生は 親切ですか。

渡辺 そうですね。あまり 親切じゃ ありません。

▶ **낱말과 표현**

日本語 일본어 ｜ **勉強** 공부 ｜ **どうですか** 어떻습니까? ｜ **とても** 매우, 아주 ｜ **おもしろい** 재미있다 ｜ **韓国語** 한국어 ｜
授業 수업 ｜ **楽しい** 즐겁다 ｜ **でも** 하지만 ｜ **ちょっと** 조금, 약간 ｜ **難しい** 어렵다 ｜ **そうですか** 그래요? ｜
親切だ 친절하다 ｜ **そうですね** 글쎄요

01 형용사

≫ い형용사

暑^{あつ}い	덥다	高^{たか}い	비싸다	おもしろい	재미있다
寒^{さむ}い	춥다	安^{やす}い	싸다	かわいい	귀엽다
大^{おお}きい	크다	おいしい	맛있다	かっこいい	멋있다
小^{ちい}さい	작다	難^{むずか}しい	어렵다	いい	좋다

≫ な형용사

親切^{しんせつ}だ	친절하다	静^{しず}かだ	조용하다	簡単^{かんたん}だ	간단하다
元気^{げんき}だ	건강하다	有名^{ゆうめい}だ	유명하다	便利^{べんり}だ	편리하다
きれいだ	예쁘다, 깨끗하다				

Tip

な형용사는 사전에는 'だ'가 없는 형태로 나옵니다. 예를 들어 '親切だ'에서 'だ'를 뺀 '親切' 형태로 나온다는 것입니다. 이 '親切' 부분을 な형용사의 '어간'이라고 합니다. 한국어의 '친절'에 해당하는 부분이죠. 일본어로 '친절하다'의 '하다'까지 나타내기 위해서는 'だ'를 붙여야 합니다. 그래서 교과서의 단어장에는 대부분 '어간+だ'로 나오게 됩니다.

	い형용사	な형용사
기본형	おおきい 크다	きれいだ 예쁘다
긍정	おおきいです 큽니다	きれいです 예쁩니다
부정	おおきく ありません (おおきく ないです) 크지 않습니다	きれいじゃ ありません (きれいじゃ ないです) 예쁘지 않습니다
예외	※いい (좋다) いく ありません(×) よく ありません(○) 좋지 않습니다	

02 형용사 + です(긍정)

» い형용사　〜い + です。

ねこは かわいいです。 고양이는 귀엽습니다.

私の 家は 大きいです。 나의 집은 큽니다.

その かばんは 高いです。 그 가방은 비쌉니다.

» な형용사　〜だ + です。

図書館は 静かです。 도서관은 조용합니다.

この 花は きれいです。 이 꽃은 예쁩니다.

山田さんは 元気です。 야마다 씨는 건강합니다.

03 형용사의 부정 표현

» い형용사　〜い → く ありません

日本語は 難しく ありません。 일본어는 어렵지 않습니다.

＊今日は 天気が よく ありません。 오늘은 날씨가 좋지 않습니다.

» な형용사　〜だ → じゃ ありません

教室は きれいじゃ ありません。 교실은 깨끗하지 않습니다.

この 試験は 簡単じゃ ありません。 이 시험은 간단하지 않습니다.

> **Tip**
> '좋다'는 「いい」「良い」 둘 다 쓰지만 활용할 때는 「良い」를 씁니다. 그래서 '좋지 않습니다'는 「いく ありません」이 아니라 「良く ありません」이 됩니다.

▶ **낱말과 표현**

ねこ 고양이 | かわいい 귀엽다 | 家 집 | 大きい 크다 | 高い 비싸다 | 図書館 도서관 | 静かだ 조용하다 |
花 꽃 | きれいだ 예쁘다 | 元気だ 건강하다, 활발하다 | 天気 날씨 | いい 좋다 | 教室 교실 | 試験 시험 |
簡単だ 간단하다 | あまり 그다지, 별로

04 　～は どうですか。 ~은/는 어떻습니까?

日本語_{にほんご}の 勉強_{べんきょう}は どうですか。　일본어 공부는 어떻습니까?

先生_{せんせい}は どうですか。 선생님은 어떻습니까?

▶ 묻고 답해 봅시다.

① 韓国_{かんこく}の 映画_{えいが}は どうですか。 한국 영화는 어떻습니까?

とても おもしろいです。 아주 재미있습니다.

② この 店_{みせ}は どうですか。 이 가게는 어떻습니까?

とても 安_{やす}いです。 아주 쌉니다.

③ この 携帯_{けいたい}は どうですか。 이 휴대폰은 어떻습니까?

とても 便利_{べんり}です。 아주 편리합니다.

④ 日本語_{にほんご}の 先生_{せんせい}は どうですか。 일본어 선생님은 어떻습니까?

とても 親切_{しんせつ}です。 아주 친절합니다.

▶ 낱말과 표현

韓国_{かんこく} 한국 ｜ **映画**_{えいが} 영화 ｜ **安い**_{やす} 싸다 ｜ **携帯**_{けいたい} 휴대폰 ｜ **便利だ**_{べんり} 편리하다

▶ 아래 예와 같이 문장을 완성해 봅시다.

예)

① 今日は 寒いですか。 오늘은 춥습니까?

はい、寒いです。 네, 춥습니다.

いいえ、寒く ありません。 아니요, 춥지 않습니다.

② 図書館は 静かですか。 도서관은 조용합니까?

はい、静かです。 네, 조용합니다.

いいえ、静かじゃ ありません。 아니요, 조용하지 않습니다.

❶ 勉強は 難しいですか。

はい、＿＿＿＿＿＿＿＿＿＿＿＿＿＿＿＿＿＿＿。

いいえ、＿＿＿＿＿＿＿＿＿＿＿＿＿＿＿＿＿。

❷ 成績は いいですか。

はい、＿＿＿＿＿＿＿＿＿＿＿＿＿＿＿＿＿。

いいえ、＿＿＿＿＿＿＿＿＿＿＿＿＿＿＿＿＿。

❸ この 歌手は 有名ですか。

はい、＿＿＿＿＿＿＿＿＿＿＿＿＿＿＿＿＿。

いいえ、＿＿＿＿＿＿＿＿＿＿＿＿＿＿＿＿＿。

❹ この 教室は きれいですか。

はい、＿＿＿＿＿＿＿＿＿＿＿＿＿＿＿＿＿。

いいえ、＿＿＿＿＿＿＿＿＿＿＿＿＿＿＿＿＿。

▶ 낱말과 표현

難しい 어렵다 | 成績 성적 | 歌手 가수 | 有名だ 유명하다 | きれいだ 깨끗하다

회화 연습 ·· Exercises 2

▶ 주어진 질문에 예와 같이 대답해 봅시다.

① 日本語の 授業は どうですか。

　　예) とても おもしろいです。

　　_____

② 日本の 食べ物は どうですか。

　　예) あまり おいしく ありません。

　　_____

③ _____ (さん)は かわいいですか。(★도라에몽, 가오나시, 사람 이름 등)

　　예) はい、とても/すごく/ちょっと/まあまあ かわいいです。

　　　　いいえ、あまり/ぜんぜん かわいく ありません。

　　_____

④ _____ さんは かっこいいですか。(★연예인 이름, 학생 이름 등)

　　예) いいえ、あまり かっこよく ありません。

　　_____

▶ **낱말과 표현**

食べ物 음식, 먹을 것 ┃ すごく 몹시 ┃ ちょっと 조금 ┃ まあまあ 그런대로 ┃ ぜんぜん 전혀 ┃
かっこいい 멋있다, 근사하다

▶ 한국어 해석을 참고하여 밑줄 친 부분에 적절한 단어를 넣어 연습해 봅시다.

A _____さん、日本語の 勉強は どうですか。

B とても _____★_____ 。

_____さん、_____の 授業は どうですか。

A ____★____ 。でも、ちょっと _____★_____ 。

B そうですか。_____の 先生は ____☆____ 。

A はい/いいえ、_____☆_____ 。

A _____ 씨, 일본이 공부는 어떻습니까?

B 아주 ____★____ .

_____ 씨, 한국어/영어/중국어 수업은 어떻습니까?

A ___★___ . 하지만 조금 ____★____ .

B 그래요. 한국어/영어/중국어 선생님은 ____☆____ ?

A 네/아니요, ___☆___ .

▶ **낱말과 표현**

英語 영어 | 中国語 중국어

122

읽기 연습 ·· Reading

Track 1-09-02

キムさんは 私(わたし)の 友(とも)だちです。とても 仲(なか)が いいです。

キムさんは とても かわいいです。そして 親切(しんせつ)です。

昨日(きのう)は キムさんの 誕生日(たんじょうび)でした。それで 友(とも)だちと

パーティーを しました。

パーティーは とても 楽(たの)しかったです。

でも、料理(りょうり)は あまり おいしく ありませんでした。

Tip

い형용사의 과거형은 'い'를 빼고 'かった'를 붙여 [たのしい + かったです(즐거웠습니다)]와 같이 만들 수 있습니다. 또한 な형용사 과거형은 'だ'를 빼고 'でした'를 붙여 [しんせつだ + でした(친절했습니다)]와 같이 만들 수 있습니다.

쓰기 연습 ·· Writing

❶ 오늘은 덥습니다.

❷ 이 책은 아주 재미있습니다.

❸ 일본어는 별로 어렵지 않습니다.

❹ 이 가게는 조용합니다.

❺ 저 사람은 예쁩니다. 하지만 친절하지 않습니다.

Hint

今日(きょう) 本(ほん) 日本語(にほんご)
店(みせ) 人(ひと) この あの
暑(あつ)い おもしろい
難(むずか)しい 静(しず)かだ
きれいだ 親切(しんせつ)だ
とても あまり
～(い형용사)く ありません
～(な형용사)じゃ ありません

▶ **낱말과 표현**

友(とも)だち 친구 | とても 仲(なか)が いい 매우 사이가 좋다 | 昨日(きのう) 어제 | ～でした ～이었습니다 | それで 그래서 |
パーティー 파티 | ～を ～을/를 | しました 했습니다 | 楽(たの)しかったです 즐거웠습니다 | でも 하지만 | 料理(りょうり) 요리 |
おいしい 맛있다 | ～く ありませんでした ～지 않았습니다

••

問題 1 ＿＿＿＿の ことばは どう よみますか。①・②・③・④から いちばん いい ものを
ひとつ えらんで ください。
＿＿＿의 말은 어떻게 읽습니까? ①・②・③・④ 중에서 가장 알맞은 것을 하나 고르시오.

1 きょうは 暑いですね。

① あてい ② あつい ③ さめい ④ さむい

2 この へやは とても 静かです。

① しずか ② まどか ③ さやか ④ のりか

3 かとうさんは とても 親切な 人です。

① しんせち ② しんせつ ③ ちんせつ ④ ちんせち

問題 2 （　　　）に なにを いれますか。①・②・③・④から いちばん いい ものを ひとつ
えらんで ください。
（　　　）에 무엇을 넣습니까? ①・②・③・④ 중에서 가장 알맞은 것을 하나 고르시오.

4 私の ともだちは （　　　） です。

① かわい ② かわいく ③ きれい ④ きれいな

5 えいごは （　　　） むずかしいです。

① すぐに ② べつに ③ あまり ④ とても

6 この ほんは あまり （　　　）ありません。

　　① たかいく　　　② たかいじゃ　　③ たかく　　　　④ たかじゃ

問題3　＿＿★＿ に はいる ものは どれですか。①・②・③・④から いちばん いい ものを
ひとつ えらんで ください。
　　＿＿★＿ 에 들어가는 것은 무엇입니까. ①・②・③・④ 중에서 가장 알맞은 것을 하나 고르시오.

7 ＿＿＿＿ ＿＿＿＿ ＿★＿ ＿＿＿＿ ですね。

　　① 人　　　　　② きれい　　　③ とても　　　④ な

季節 계절
_{き せつ}

春 _{はる}
봄

夏 _{なつ}
여름

秋 _{あき}
가을

冬 _{ふゆ}
겨울

暖かい _{あたた}
따뜻하다

暑い _{あつ}
덥다

涼しい _{すず}
서늘하다

寒い _{さむ}
춥다

花見 _{はな み}
꽃구경

花火 _{はな び}
불꽃놀이

紅葉 _{こうよう}
단풍

雪 _{ゆき}
눈

どんな 音楽が 好きですか。

おん がく
す

어떤 음악을 좋아합니까?

point

Track 1-10-01

山本　チョさんは どんな 音楽が 好きですか。

趙　　静かな 音楽が 好きです。

山本　私もです。スポーツは 何が 好きですか。

趙　　そうですね。サッカーが 好きです。山本さんは。

山本　私は サッカーより テニスの 方が 好きです。

趙　　私も テニスが 好きです。でも、あまり 上手じゃ
　　　ありません。

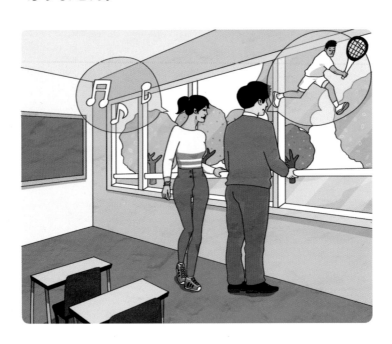

▶ 낱말과 표현

どんな 어떤 | 音楽 음악 | 好きだ 좋아하다 | 静かだ 조용하다 | ～も ～도 | スポーツ 스포츠 | 何 무엇 |
サッカー 축구 | ～より ～보다 | テニス 테니스 | ～方 ～쪽 | でも 하지만 | あまり 별로 | 上手だ 잘하다

01 형용사의 명사 수식

01-1 【형용사】+【명사】

» い형용사　〜い + 명사

かわいい 犬（いぬ）　귀여운 개

» な형용사　〜な + 명사

有名（ゆうめい）な 人（ひと）　유명한 사람

|예문|

❶ おもしろい 映画（えいが）です。재미있는 영화입니다.

❷ きれいな 人（ひと）です。예쁜 사람입니다.

❸ おいしい 料理（りょうり）です。맛있는 요리입니다.

❹ ソウルは にぎやかな ところです。서울은 번화한 곳입니다.

01-2 どんな+【명사】어떤〜

» どんな 人（ひと） 어떤 사람　どんな ところ 어떤 곳(장소)

|예문|

❶ 日本語（にほんご）の 先生（せんせい）は どんな 人（ひと）ですか。

일본어 선생님은 어떤 사람입니까?

❷ 東京（とうきょう）は どんな ところですか。도쿄는 어떤 곳입니까?

❸ 沖縄（おきなわ）は 海（うみ）が きれいな ところです。

오키나와는 바다가 예쁜 곳입니다.

▶ **낱말과 표현**

かわいい 귀엽다 | 犬（いぬ） 개(강아지) | 有名（ゆうめい）だ 유명하다 | 人（ひと） 사람 | おもしろい 재미있다 | 映画（えいが） 영화 | きれいだ 예쁘다 |
おいしい 맛있다 | 料理（りょうり） 요리 | ソウル 서울 | にぎやかだ 번화하다 | ところ 곳 | 沖縄（おきなわ） 오키나와 | 海（うみ） 바다

02 　형용사의 て형

>> い형용사 　〜くて + です。
小さくて かわいいです。 작고 귀엽습니다.

>> な형용사 　〜で + です。
きれいで 親切です。 예쁘고 친절합니다.

|예문|

❶ 安い + おいしい

この 店は 安くて おいしいです。 이 가게는 싸고 맛있습니다.

❷ 親切だ + 優しい

先生は 親切で 優しい 人です。 선생님은 친절하고 상냥한 사람입니다.

❸ 静かだ + きれいだ

ここは 静かで きれいな ところです。
여기는 조용하고 깨끗한 곳입니다.

03 　[명사]が [好きだ / 嫌いだ / 上手だ / 下手だ]

私は 音楽が 好きです。 저는 음악을 좋아합니다.

木村さんは 犬が 嫌いです。 기무라 씨는 개를 싫어합니다.

私の 友達は 料理が 上手です。 저의 친구는 요리를 잘합니다.

彼は サッカーが 下手です。 그는 축구를 잘 못합니다.

Tip

'좋아하다, 싫어하다, 잘하다,
하다' 앞에 쓰는 조사는 '을/를'
지만 일본어에서는 '을/를'에
당하는 조사로 'を'를 쓰지 않
'が'를 씁니다.

▶ **낱말과 표현**

小さい 작다 | 親切だ 친절하다 | 店 가게 | 安い 싸다 | 優しい 상냥하다, 다정하다 | しずかだ 조용하다 |
きれいだ 깨끗하다 | 嫌いだ 싫어하다 | 下手だ 못하다, 서툴다

04 　비교 표현

A コーヒーと お茶、どちらが 好きですか。
커피와 녹차 어느 쪽을 좋아합니까?

B お茶より コーヒーの 方が 好きです。 녹차보다 커피를 더 좋아합니다.

B どちらも 好きじゃ ありません。 둘 다 좋아하지 않습니다.

| 예문 |

❶ ソウルと 釜山、どちらが 寒いですか。
서울과 부산 어느 쪽이 춥습니까?

→ 釜山より ソウルの ほうが 寒いです。
부산보다 서울이 더 춥습니다.

❷ 富士山と ソラク山、どちらが 高いですか。
후지산과 설악산 어느 쪽이 높습니까?

→ ソラク山より 富士山の ほうが 高いです。
설악산보다 후지산이 더 높습니다.

❸ 日本語と 英語、どちらが 上手ですか。
일본어와 영어 어느 쪽을 잘합니까?

→ 英語より 日本語の ほうが 上手です。
영어보다 일본어를 더 잘합니다.

▶ **낱말과 표현**

どちら 어느 쪽 | **コーヒー** 커피 | **お茶** 녹차 | **釜山** 부산 | **寒い** 춥다 | **富士山** 후지산 | **ソラク山** 설악산 |
高い 높다 | **英語** 영어

▶ 아래 예와 같이 문장을 완성해 봅시다.

예)

① お母さんは どんな 人ですか。 어머님은 어떤 사람입니까?

優しい → 優しい 人です。 상냥한 사람입니다.

② 大阪は どんな ところですか。 오사카는 어떤 곳입니까?

にぎやかだ → にぎやかな ところです。 번화한 곳입니다.

❶　キムさんの 時計は どんな 時計ですか。

　　→ ＿＿＿＿＿＿＿＿＿＿＿時計です。

❷　東京は どんな ところですか。

　　→ ＿＿＿＿＿＿＿＿＿＿＿ところです。

❸　ハワイは どんな ところですか。

　　→ ＿＿＿＿＿＿＿＿＿＿＿ところです。

❹　田中さんは どんな 人ですか。

　　→ ＿＿＿＿＿＿＿＿＿＿＿人です。

▶ **낱말과 표현**

お母さん 어머니 | **優しい** 상냥하다, 다정하다 | **大阪** 오사카 | **時計** 시계 | **高い** 비싸다 | **東京** 도쿄 | **便利だ** 편리하다 | **ハワイ** 하와이 | **暑い** 덥다 | **元気だ** 활기차다, 활발하다

132

▶ 아래 예와 같이 문장을 완성해 봅시다.

예)

A うどんと そば、どちらが 好きですか。
우동과 메밀국수 어느 쪽을 좋아합니까?

B うどん/そばの ほうが 好きです。
우동/메밀국수 쪽을 더 좋아합니다.

＊どちらも 好きです。　どちらも 好きじゃ ありません。
둘 다 좋아합니다.　　　　둘 다 좋아하지 않습니다.

①
A ＿＿＿＿＿ と ＿＿＿＿＿ どちらが 好きですか。

B ＿＿＿＿＿＿＿＿の ほうが 好きです。

いぬ / ねこ

②
A ＿＿＿＿＿ と ＿＿＿＿＿ どちらが 好きですか。

B ＿＿＿＿＿＿＿＿ の ほうが 好きです。

ごはん / パン

③
A ＿＿＿＿＿ と ＿＿＿＿＿ どちらが 好きですか。

B ＿＿＿＿＿＿＿＿ の ほうが 好きです。

日本語 / 英語

④
A ＿＿＿＿＿ と ＿＿＿＿＿ どちらが 上手ですか。

B ＿＿＿＿＿＿＿＿ の ほうが 上手です。

ギター / ピアノ

▶ 낱말과 표현

ねこ 고양이 ｜ ごはん 밥 ｜ パン 빵 ｜ ギター 기타(악기) ｜ ピアノ 피아노

▶ 주어진 질문에 예와 같이 대답해 봅시다.

① どんな 人(ひと)が 好(す)きですか。

예) かわいい 人(ひと)が 好(す)きです。

예) 親切(しんせつ)で 元気(げんき)な 人(ひと)が 好(す)きです。

_____

② どんな 食(た)べ物(もの)が 好(す)きですか。

예) さしみが 好(す)きです。

_____

③ 嫌(きら)いな ものは 何(なん)ですか。

예) へびが 嫌(きら)いです。

_____

▶ 낱말과 표현

もの 것 | さしみ 회 | へび 뱀

▶ 한국어 해석을 참고하여 밑줄 친 부분에 적절한 단어를 넣어 연습해 봅시다.

A _____さんは どんな 音楽が 好です か。

B _____★_____音楽が 好きです。

A 私もです。スポーツは 何が 好きですか。

B そうですね。__☆1__が 好きです。_____さんは。

A 私は _____☆1 より

　　 __☆2__ の 方が 好きです。

B 私も __☆2__が 好きです。

　　 でも、あまり 上手じゃ ありません。

Hint

★(형용사)
静かな 조용한
きれいな 예쁜
アップテンポな 업템포한
うるさい 시끄러운
激しい 열렬한
あかるい 밝은

☆(스포츠)
サッカー 축구
テニス 테니스
野球 야구
バスケットボール 농구
バレーボール 배구
卓球 탁구
バドミントン 배드민턴
スキー 스키
スケート 스케이트
マラソン 마라톤
柔道 유도
空手 가라테
テコンドー 태권도
剣道 검도

A _____ 씨는 어떤 음악을 좋아합니까?

B __★__ 음악을 좋아합니다.

A 저도요. 스포츠는 무엇을 좋아합니까?

B 글쎄요. ☆1 을/를 좋아합니다. _____ 씨는요?

A 저는 ☆1 보다 ☆2 쪽을 더 좋아합니다.

B 저도 ☆2 을/를 좋아합니다.

　　 하지만 별로 잘하지 못합니다.

읽기 연습 ·· Reading

 Track 1-10-02

私は アニメが 大好きです。日本の アニメの 中では トトロが 一番 好きです。それから、日本の 食べ物も 好きです。日本人 の 友だちと よく ラーメンを 食べます。その 友だちは 料理が 上手で、その 中でも お好み焼きが 一番 上手です。でも、私 は お好み焼きより たこ焼きの ほうが 好きです。

쓰기 연습 ·· Writing

▶ 자신이 좋아하는/싫어하는 것들, 잘하는/못하는 것들을 써 봅시다.

私は ＿＿＿＿＿＿＿＿＿＿が 好きです。 저는 ～을/를 좋아합니다.

私は ＿＿＿＿＿＿＿＿＿＿が 嫌いです。 저는 ～을/를 싫어합니다.

私は ＿＿＿＿＿＿＿＿＿＿が 上手です。 저는 ～을/를 잘합니다.

私は ＿＿＿＿＿＿＿＿＿＿が 下手です。 저는 ～을/를 잘 못합니다.

▶ 낱말과 표현

アニメ 애니메이션 | 大好きだ 매우 좋아하다 | 中では 중에서는 | トトロ 토토로 | 一番 가장 | それから 그리고 |
食べ物 음식 | よく 자주 | 食べます 먹습니다 | その 中でも 그 중에서도 | お好み焼き 일본식 부침개 | でも 하지만 |
たこ焼き 다코야키 | ～の ほうが ～이/가 더

問題 1 ＿＿＿＿の ことばは どう よみますか。①・②・③・④から いちばん いい ものを
ひとつ えらんで ください。

＿＿＿의 말은 어떻게 읽습니까? ① · ② · ③ · ④ 중에서 가장 알맞은 것을 하나 고르시오.

1　私の ともだちは りょうりが 上手です。

　　① へた　　　　　② かしゅ　　　　③ じょうず　　　④ じょうしゅ

2　私は べんきょうが 嫌いです。

　　① こわい　　　　② よわい　　　　③ きれい　　　　④ きらい

問題 2 （　　　）に なにを いれますか。①・②・③・④から いちばん いい ものを ひとつ
えらんで ください。

（　　　）에 무엇을 넣습니까? ① · ② · ③ · ④ 중에서 가장 알맞은 것을 하나 고르시오.

3　せんせいは （　　　） やさしい 人です。

　　① しんせつだ　　② しんせつで　　③ しんせつに　　④ しんせつの

4　私は （　　　） 人が すきです。

　　① げんきだ　　　② げんきで　　　③ げんきな　　　④ げんきに

問題3 　★　 に はいる ものは どれですか。①・②・③・④から いちばん いい ものを
ひとつ えらんで ください。

＿＿＿★ 에 들어가는 것은 무엇입니까. ①・②・③・④ 중에서 가장 알맞은 것을 하나 고르시오.

5　私は いぬ＿＿＿＿ 　★　 ＿＿＿＿ ＿＿＿＿です。

　　① ねこの　　　　② すき　　　　③ ほうが　　　　④ より

일본 문화 탐방

▶ コンビニ 편의점

1인 가구 및 고령인구의 증가 등에 따른 식생활의 변화로 편의점의 성장세가 이어지고 있습니다. 이는 한국도 마찬가지여서 2016년 편의점 점포 수는 3만 개를 돌파하였고 업계 상위 3사인 CU, GS25, 코리아세븐의 매출합계도 14조 원을 넘어섰다고 합니다. 이 금액은 백화점 상위 3사인 롯데, 현대, 신세계백화점의 매출 12조 3000억 원을 2조 원 가까이 앞지른 규모입니다.

한국 사람들은 대체로 CU를 선호하는데, 일본에서는 세븐일레븐이 가장 인기가 좋습니다. 점포수가 2015년도 기준 18,572개이며 매출이 4조 2910억 엔이나 됩니다. 그 매출 규모는 어마어마하지요. 한국의 상위 3사를 합친 것의 3배 이상이나 되는 어마어마한 규모입니다. 그만큼 일본인들이, 아니 일본을 방문한 외국인들도 세븐일레븐에서 상품을 산다는 이야기입니다.

어떤 상품이 인기가 있을까요? 여기에서는 먹거리를 위주로 알아봅니다.

현재 방송은 끝났지만 '所さんのニッポンの出番'(도코로 씨의 REDICOVER JAPAN)이라는 TV프로에서 외국인이 시식하여 매기는 맛있는 랭킹 'コンビニグルメ'(편의점 먹거리)를 발표했습니다.

여기에서는 베스트3만 소개하겠습니다. 3위는 '金のビーフカレー'(금의 비프카레)입니다. 22종류의 향신료와 야채에서 나온 수분으로 만든 카레 루가 특징. 전자레인지로 가열해 쉽게 먹을 수 있습니다. 2위는 'さばの塩焼'(고등어 소금구이)입니다. 비린내가 안 나고 뼈도 전혀 없기 때문에 외국인도 좋아할 수밖에 없지요. 1위는 'マンゴーアイスバー'(망고 아이스바)입니다. 신선한 망고를 그대로 먹는 듯하다고 다들 절찬입니다. 4년 동안 113회에 걸쳐 시험 제작한 결과라고 하니 그야말로 일본의 정신이 깃든 상품이라고 할 수 있겠죠. 다음에 일본에 가면 꼭 먹어 보세요.

スポーツ 스포츠

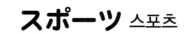

野球 (やきゅう)
야구

サッカー
축구

ラグビー
럭비

テニス
테니스

バドミントン
배드민턴

バレーボール*
배구

卓球 (たっきゅう)
탁구

バスケットボール**
농구

ゴルフ
골프

柔道 (じゅうどう)
유도

剣道 (けんどう)
검도

空手 (からて)
가라테

* 약칭-バレー
** 약칭-バスケ

図書館は どこに ありますか。

도서관은 어디에 있습니까?

point

01 あります/います 있습니다

02 위치 명사

Track 1-11-01

中村 広い キャンパスですね。図書館は どこに ありますか。

林 あそこです。本館の となりに あります。

中村 近いですね。カフェも ありますか。

林 はい、図書館の 中に あります。

中村 今日は あまり 学生が いませんね。

林 今日は 日曜日です。

▶ 낱말과 표현

広い 넓다 | キャンパス 캠퍼스 | ～ですね ～네요 | 図書館 도서관 | どこ 어디 | ～に (장소)에 |
ありますか 있습니까 | あそこ 저기 | 本館 본관 | となり 옆 | 近い 가깝다 | カフェ 카페 | 中 안 | 今日 오늘 |
あまり 별로, 그다지 | 学生 학생 | いません 없습니다 | 日曜日 일요일

01 あります/います 있습니다

	있습니다	없습니다
사물 · 식물	あります	ありません
사람 · 동물	います	いません

| 예문 |

❶ 田中さんは 教室に います。
다나카 씨는 교실에 있습니다.

❷ 今日は お金が ありません。
오늘은 돈이 없습니다.

❸ 通りに 猫は いません。
거리에 고양이는 없습니다.

❹ 公園には きれいな 花が あります。
공원에는 예쁜 꽃이 있습니다.

❺ 外国人の 友達が います。
외국인 친구가 있습니다.

❻ 鈴木さんの 家には 庭が あります。
스즈키 씨 집에는 정원이 있습니다.

▶ **낱말과 표현**

教室 교실 | **お金** 돈 | **通り** 거리 | **猫** 고양이 | **公園** 공원 | **きれいだ** 예쁘다 | **花** 꽃 |
外国人 외국인 | **友達** 친구 | **家** 집 | **庭** 정원

02   위치 명사

장소	ここ	そこ	あそこ	どこ
	여기	거기	저기	어디

Tip

'となり'는 동질의 것, 사람이면
사람이, 건물이면 건물이 나란히
있는 경우에만 쓸 수 있습니다.
'よこ'는 그런 제한이 없고 위치
적으로 옆에 있으면 쓸 수 있습
니다.

^{うえ}上 위	^{した}下 아래	^{なか}中 안	^{そと}外 밖
^{まえ}前 앞	^{うし}後ろ 뒤	^{みぎ}右 오른쪽	^{ひだり}左 왼쪽
^{よこ}橫 옆	^{となり}隣 옆	^{ちか}近く 근처	^む向かい 맞은편

144

| 예문 |

❶ コンビニは 学校の 中に あります。

편의점은 학교 안에 있습니다.

❷ 私の マンションの 近くに 病院が あります。

제 아파트 근처에 병원이 있습니다.

❸ 映画館は そこです。

영화관은 거기입니다.

❹ テレビの 前に 猫が います。

TV 앞에 고양이가 있습니다.

Tip

일본어의 위치 명사를 어떤 명사 뒤에 연결해서 쓸 때 항상 그 앞에 한국어의 '의'에 해당하는 'の'를 씁니다. 즉 '학교 앞'을 일본어로 표현할 때는 '学校の 前'가 되며 'の'가 꼭 들어가야 합니다.

Tip

일본의 'マンション'은 그 건물의 높이와 세대 수를 볼 때 한국의 아파트에 해당되고, 'アパート'는 한국의 맨션과 비슷하다고 할 수 있습니다.

▶ **낱말과 표현**

コンビニ 편의점 | 学校 학교 | マンション 아파트 | 病院 병원 | 映画館 영화관 | テレビ TV

▶ 아래 예와 같이 문장을 완성해 봅시다.

예)

A 本は どこに ありますか。 책은 어디에 있습니까?

B <u>机の 上に あります。</u> 책상 위에 있습니다.

❶ A 犬は どこに いますか。

B _____

❷ A 図書館は どこに ありますか。

B _____

❸ A 田中さんは どこに いますか。

B _____

❹ A 花屋は どこに ありますか。

B _____

▶ 낱말과 표현

机 책상 | 外 밖 | 運動場 운동장 | 花屋 꽃가게

▶ 주어진 질문에 예와 같이 대답해 봅시다.

① _____ さんの 家^{いえ}は どこですか。

예) ○○洞^{ドン}です。家^{いえ}の 近^{ちか}くに スーパーが あります。

_____

② _____ が おいしい 店^{みせ}は どこに ありますか。

예) 新村^{シンチョン}に あります。デパートの 中^{なか}です。

_____

③ 今^{いま}、_____ さんの 家^{いえ}には 誰^{だれ}が いますか 。

예) 誰^{だれ}も いません。犬^{いぬ}が います。

_____

▶ **낱말과 표현**

~洞^{ドン} ~동(행정 구역) | スーパー 슈퍼 | おいしい 맛있다 | 新村^{シンチョン} 신촌 | デパート 백화점 | 今^{いま} 지금 | 誰^{だれ}が 누가 | 誰^{だれ}も 아무도 | 犬^{いぬ} 개

▶ 한국어 해석을 참고하여 밑줄 친 부분에 적절한 단어를 넣어 연습해 봅시다.

A　広い キャンパスですね。＿＿＿＿＿＿＿＿は どこに ありますか。

B　あそこです。＿＿＿＿＿＿＿＿に あります。

A　近いですね。＿＿＿＿＿＿＿＿も ありますか。

B　はい、＿＿＿＿＿＿＿＿に あります。

A　今日は あまり 学生が いませんね。

B　今日は ＿＿＿＿＿＿＿＿です。

A　넓은 캠퍼스네요. ＿＿＿＿＿＿은/는 어디에 있습니까?

B　저기입니다. ＿＿＿＿＿＿에 있습니다.

A　가깝네요. ＿＿＿＿＿＿도 있습니까?

B　네, ＿＿＿＿＿＿에 있습니다

A　오늘은 별로 학생이 없네요.

B　오늘은 ＿＿＿＿＿＿입니다.

Track 1-11-02

私<small>わたし</small>の 家<small>いえ</small>

私<small>わたし</small>の 家<small>いえ</small>は マンションです。ソウルの 龍山<small>ヨン サン</small>に あります。龍山<small>ヨン サン</small> 駅<small>えき</small>から あまり 遠<small>とお</small>く ありません。龍山駅<small>ヨン サン えき</small>の 近<small>ちか</small>くには 大<small>おお</small>きな ス ーパーが あります。スーパーには いつも 人<small>ひと</small>が たくさん いま す。マンションの 後<small>うし</small>ろに 山<small>やま</small>が あります。山<small>やま</small>には りすや 鹿<small>しか</small>や 猪<small>いのしし</small>が います。

▶ [읽기 연습]을 참고로 하여 자신의 집 주변에 대해 써 봅시다.

▶ **낱말과 표현**

マンション 아파트 | ソウル 서울 | 龍山<small>ヨンサン</small> 용산 | 駅<small>えき</small> 역 | 遠<small>とお</small>い 멀다 | 大<small>おお</small>きな 큰 | いつも 항상 | 人<small>ひと</small> 사람 |
たくさん 많<small>많</small>이 | 山<small>やま</small> 산 | りす 다람쥐 | ~や ~이나/나 | 鹿<small>しか</small> 사슴 | 猪<small>いのしし</small> 멧돼지

問題1 ＿＿＿＿ の ことばは どう よみますか。①・②・③・④から いちばん いい ものを
ひとつ えらんで ください。

＿＿＿의 말은 어떻게 읽습니까? ①・②・③・④ 중에서 가장 알맞은 것을 하나 고르시오.

1 つくえの 上に 本が あります。

① じょう ② げ ③ うえ ④ した

問題2 ＿＿＿＿ の ぶんと だいたい おなじ いみの ぶんが あります。①・②・③・④から
いちばん いい ものを ひとつ えらんで ください。

＿＿＿의 문장과 대체로 같은 뜻의 문장이 있습니다. ①・②・③・④ 중에서 가장 알맞은 것을 하나 고르
시오.

2 猫が テレビの 前に います。

① 猫の 横に テレビが あります。

② 猫の 後ろに テレビが あります。

③ 猫が テレビの となりに います。

④ 猫が テレビの 後ろに います。

問題3 (   )に なにを いれますか。①・②・③・④から いちばん いい ものを ひとつ えらんで ください。

(   )에 무엇을 넣습니까? ①・②・③・④ 중에서 가장 알맞은 것을 하나 고르시오.

3 部屋に きれいな 花が (   )。

① あります　　② います　　③ 前です　　④ たくさんです

4 カフェは 映画館の (   )。

① あります　　② います　　③ 前です　　④ たくさんです

5 ビル (   ) 中に コンビニが あります。

① が　　　② の　　　③ に　　　④ で

家と家具 집과 가구

玄関
현관

台所
부엌

トイレ
화장실

(お)風呂
욕실, 욕조

電気
전등

たんす
장롱

エアコン
에어컨

テーブル
테이블

冷蔵庫
냉장고

ベッド
침대

洗濯機
세탁기

掃除機
청소기

152

何人家族ですか。
なん にん か ぞく

가족은 몇 명입니까?

point

회화 ·· Dialogue

🎵 Track 1-12-01

尹　小林さんは 何人家族ですか。

小林　5人家族です。父と 母と 兄が 二人 います。

尹　小林さんは お兄さんが 二人ですか。

　　いいですね。

小林　ユンさんは 何人家族ですか。

尹　私も 5人家族です。両親と 姉と 妹が います。

小林　お姉さんと 妹さんですか。

　　私は ユンさんが うらやましいです。

▶ **낱말과 표현**

何人 몇 명 │ **家族** 가족 │ **父** (나의) 아버지 │ **母** (나의) 어머니 │ **兄** (나의) 형/오빠 │ **二人** 두 명 │ **お兄さん** (남의) 형/오빠 │
いい 좋다 │ **～ですね** ~네요 │ **姉** (나의) 누나/언니 │ **妹** (나의) 여동생 │ **お姉さん** (남의) 누나/언니 │
妹 さん (남의) 여동생 │ **うらやましい** 부럽다

154

학습 포인트 ·············· Grammar

01   가족 소개

	나의 가족	상대방/제삼자의 가족
할아버지	祖父(そふ)	おじいさん
할머니	祖母(そぼ)	おばあさん
부모	両親(りょうしん)	ご両親(りょうしん)
아버지	父(ちち)	お父(とう)さん
어머니	母(はは)	お母(かあ)さん
형, 오빠	兄(あに)	お兄(にい)さん
누나, 언니	姉(あね)	お姉(ねえ)さん
남동생	弟(おとうと)	弟(おとうと)さん
여동생	妹(いもうと)	妹(いもうと)さん
남편	夫(おっと)／主人(しゅじん)	ご主人(しゅじん)／だんなさん
아내	妻(つま)	奥(おく)さん
아들	息子(むすこ)	息子(むすこ)さん
딸	娘(むすめ)	娘(むすめ)さん

～人 (にん) ～명	1人 ひとり	2人 ふたり	3人 さんにん	4人 よにん	5人 ごにん	6人 ろくにん
	7人 しちにん ななにん	8人 はちにん	9人 きゅうにん	10人 じゅうにん	11人 じゅう いちにん	何人 なんにん

> **Tip**
>
> [나의 가족]은 자신의 가족을 남에게 소개하거나 말할 때 쓰입니다. [상대방/제삼자의 가족]은 대화의 상대방 또는 제삼자의 가족을 말할 때 쓰입니다.

> **Tip**
>
> 자신의 가족을 직접 부를 때는 자신보다 나이가 많은 가족은 [상대방/제삼자의 가족]에게 쓰는 호칭을 사용하고 자신보다 나이가 어린 가족은 이름으로 부르는 게 일반적입니다.

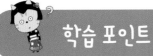
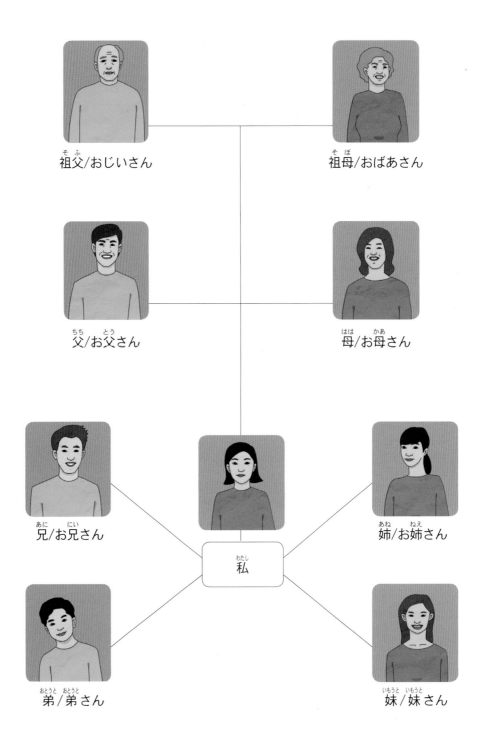

祖父（そふ）/おじいさん 祖母（そぼ）/おばあさん

父（ちち）/お父（とう）さん 母（はは）/お母（かあ）さん

兄（あに）/お兄（にい）さん 私（わたし） 姉（あね）/お姉（ねえ）さん

弟（おとうと）/弟（おとうと）さん 妹（いもうと）/妹（いもうと）さん

| 예문 |

❶ 何人家族ですか。

가족은 몇 명입니까?

❷ 4人家族です。父と母と弟がいます。

가족은 4명입니다. 아버지와 어머니와 남동생이 있습니다.

Tip
'兄弟'라고 하면 형제를 뜻하지만, 남매, 자매를 일컫는 총칭으로도 쓰입니다.

❸ 何人兄弟ですか。

형제가 몇 명입니까?

❹ 弟がいます。2人兄弟です。

남동생이 있습니다. 두 형제입니다.

❺ 兄弟はいません。형제는 없습니다.

❻ キムさんは ご両親と お姉さんが 3人 います。6人家族です。

김 상은 부모님과 누나가 세 명 있습니다. 가족이 여섯 명입니다.

❼ A 兄弟が いますか。형제가 있습니까?

   B いいえ、いません。아니요. 없습니다.

02 ～で ～이고

» 私は 3人家族で、一人っ子です。

저는 가족이 세 명이고 외동입니다.

» 山田さんは 4人兄弟で、末っ子です。

야마다 씨는 4형제이고 막내입니다.

| 예문 |

❶ 私は 今年 二十歳＿＿＿＿、大学生です。

저는 올해 20세이고 대학생입니다.

❷ 父は 大学教授＿＿＿＿、母は 小学校の 先生です。

아버지는 대학 교수이고 어머니는 초등학교 선생님입니다.

❸ 兄は 会社員＿＿＿＿、弟は 高校生です。

형/오빠는 회사원이고 남동생은 고등학생입니다.

▶ **낱말과 표현**

今年 올해 | **大学生** 대학생 | **大学教授** 대학 교수 | **小学校** 초등학교 | **会社員** 회사원 | **高校生** 고등학생

▶ 아래 예와 같이 문장을 완성해 봅시다.

예)

A 何人家族ですか。 가족은 몇 명입니까?
<small>なん にん か ぞく</small>

B ４人家族です。父と 母と 姉が います。
<small>よ にん か ぞく</small> <small>ちち</small> <small>はは</small> <small>あね</small>

가족이 4명입니다. 아버지와 어머니와 누나가 있습니다.

❶

A 何人家族ですか。
<small>なんにん か ぞく</small>

B _____

_____

❷

A 何人家族ですか。
<small>なんにん か ぞく</small>

B _____

_____

▶ 아래 예와 같이 문장을 완성해 봅시다.

예)

キムさんは ４人家族です。 김 상은 가족이 4명입니다.
<ruby>よ<rt></rt></ruby><ruby>にん<rt></rt></ruby><ruby>か<rt></rt></ruby><ruby>ぞく<rt></rt></ruby>

お父さんと お母さんと 妹さんが います。

아버지와 어머니와 여동생이 있습니다.

❶

パクさんは ５人家族です。

_____。

❷

イさんは ６人家族です。

_____。

▶ 주어진 질문에 예와 같이 대답해 봅시다.

① 何人家族ですか。 예) ４人家族です。 父と 母と 姉が います。

_____

② 兄弟が いますか。 예) はい、兄が 二人 います。

_____

▶ 한국어 해석을 참고하여 밑줄 친 부분에 적절한 단어를 넣어 연습해 봅시다.

A ＿＿＿＿＿さんは 何人家族ですか。

B ＿＿＿＿＿＿です。＿＿＿＿＿＿＿＿＿が います。

A ＿＿＿＿＿さんは ＿＿＿＿＿＿＿＿ですか。いいですね。

B ＿＿＿＿＿さんは 何人家族ですか。

A ＿＿＿＿＿＿です。＿＿＿＿＿＿＿＿＿が います。

B ＿＿＿＿＿＿ですか。私は ＿＿＿＿＿さんが うらやましい

です。

A ＿＿＿＿＿ 씨는 가족이 몇 명입니까?

B ＿＿＿＿＿＿입니다. ＿＿＿＿＿＿＿＿＿이/가 있습니다.

A ＿＿＿＿＿ 씨는 ＿＿＿＿＿＿＿＿입니까? 좋네요.

B ＿＿＿＿＿ 씨는 가족이 몇 명입니까?

A ＿＿＿＿＿＿입니다. ＿＿＿＿＿＿＿＿＿이/가 있습니다.

B ＿＿＿＿＿＿입니까? 저는 ＿＿＿＿＿ 씨가 부럽습니다.

 Track 1-12-02

私の 家族

私は 4人家族で、父と 母と 妹が います。

父は 会社員で、お酒が 好きです。母は 主婦で、優しい 人です。

妹は 大学生で、来年 卒業です。私は 就活生で、今 少し 大変です。

それから、私の 家には 猫も います。猫も 大事な 家族です。

 쓰기 연습 ······························· Writing

▶ [읽기 연습]을 참고로 하여 자신의 가족에 대해 써 봅시다.

_____

_____

_____

_____

_____

_____

▶ **낱말과 표현**

お酒 술 | 好きだ 좋아하다 | 主婦 주부 | 優しい 자상하다 | 人 사람 | 来年 내년 | 卒業 졸업 | 就活生 취업 준비생 |
今 지금 | 少し 조금 | 大変だ 힘들다 | それから 그리고 | 猫 고양이 | 大事だ 소중하다

問題 1 ＿＿＿ の ことばは どう よみますか。①・②・③・④から いちばん いい ものを
ひとつ えらんで ください。

1 私は 姉が います。

① あね　　　　② おね　　　　③ あに　　　　④ おに

2 私は 3人兄弟です。

① きょだい　　② きょたい　　③ きょうだい　　④ きょうたい

問題 2 （　　　）に なにを いれますか。①・②・③・④から いちばん いい ものを ひとつ
えらんで ください。

3 A「（　　　）は 主婦ですか。」

B「いいえ、母は 公務員です。」

① おかあさん　　② おばあさん　　③ おとうさん　　④ おじいさん

4 私は 3人兄弟です。姉（　　　）弟が います。

① が　　　　② も　　　　③ は　　　　④ と

5 私は （　　　）家族です。

① しにん　　② よにん　　③ しんにん　　④ よんにん

干支(十二支) 띠(십이지)*

ねずみ
쥐

うし
소

とら
호랑이

うさぎ
토끼

たつ
용

へび
뱀

うま
말

ひつじ
양

さる
원숭이

とり**
닭

いぬ
개

いのしし***
멧돼지

* '~띠'라고 말할 때는 동물 이름 뒤에 '해'를 뜻하는 '年'을 붙여 'どし'라고 발음한다. 예) '쥐띠' → 'ねずみどし'

** 'とり'는 '새'를 의미하는 총칭이고 '닭'은 'にわとり'라고 하는데 '닭띠'를 말할 때는 닭의 뜻으로 'とり'를 사용해 'とりどし'라고 부른다.

*** '돼지띠'는 '멧돼지'를 뜻하는 'いのしし'를 사용해 'いのししどし'라고 부른다. 참고로 '돼지'는 일본어로 'ぶた'라고 한다.

図書館で 勉強を します。

と しょ かん / べん きょう

도서관에서 공부를 합니다.

point

01 동사의 그룹 나누기

02 동사 ます형 활용

03 조사 [～に, ～で, ～へ, ～を, ～と]

🎵 Track 1-13-01

呉　加藤さんは 今日 何を しますか。

加藤　図書館で 勉強を します。オさんは。

呉　私は 友達と 映画を 見ます。

加藤　いいですね。週末は 何を しますか。

呉　土曜日に 彼女と ソウルへ 行きます。

　　加藤さんは。

加藤　私は どこへも 行きません。

▶ **낱말과 표현**

今日 오늘 | **~を** ~을/를 | **する** 하다 | **図書館** 도서관 | **~で** ~에서 | **勉強** 공부 | **友達** 친구 | **~と** ~과/와 | **映画** 영화 | **見る** 보다 | **いい** 좋다 | **週末** 주말 | **土曜日** 토요일 | **~に** ~에 | **彼女** 여자 친구 | **ソウル** 서울 | **~へ** ~에 | **行く** 가다 | **どこへも** 어디에도

학습 포인트 ······························· Grammar

01　동사의 그룹 나누기

3그룹 동사 (변격 동사)	불규칙적인 활용을 하고 두 개만 있음. ・する 하다　・くる 오다
2그룹 동사 (상·하1단 동사)	る로 끝나되 る 앞이 i단, e단인 동사. ・みる　・おきる　・ねる　・たべる
1그룹 동사 (5단 동사)	3그룹과 2그룹에 속하지 않는 모든 동사. ① る로 끝나지 않는 모든 동사. 　・かう　・いく　・よむ ② る로 끝나되 る 앞이 i단, e단이 아닌 동사. 　・ある　・つくる　・のる *예외 동사 : 형태상 2그룹이지만, 활용은 1그룹인 동사. 　・かえる　・はいる　・はしる　외

| 확인하기 |

기본형	뜻	그룹	기본형	뜻	그룹
行く	가다		買う	사다	
寝る	자다		読む	읽다	
乗る	타다		する	하다	
来る	오다		帰る	돌아가다/오다	
見る	보다		食べる	먹다	

02 동사 ます형 활용

3그룹 동사	불규칙 활용 ・する → します ・くる→ きます
2그룹 동사	る를 떼고 ます를 붙인다. ・みる → みます ・たべる → たべます
1그룹 동사	어미(u단)를 i단으로 바꾸고 ます를 붙인다. ・かう → かいます ・いく → いきます ・よむ → よみます ・ある → あります ・のる → のります ・つくる → つくります *かえる → かえります

Tip

~ます/ません은 '~합니다/하지 않습니다'와 '~할 겁니다/하지 않을 겁니다'의 의미로 쓰입니다.

예 毎日 映画を 見ます。
매일 영화를 봅니다.
明日 映画を 見ます。
내일 영화를 볼 겁니다.

【ます형】ます	~합니다	예 買う → 買います 삽니다	
【ます형】ません	~하지 않습니다	→ 買いません 사지 않습니다	

| 확인하기 |

기본형	뜻	그룹	~ます	기본형	뜻	그룹	~ます
買う	사다	1		読む	읽다	1	
寝る	자다	2		行く	가다	1	
食べる	먹다	2		来る	오다	3	
する	하다	3		帰る	돌아가다/오다	1	
見る	보다	2		乗る	타다	1	

▶ ます형의 활용 연습 및 정리

		그룹	～ます	～ません
買う	사다			
会う	만나다			
待つ	기다리다			
持つ	들다, 가지다			
死ぬ	죽다			
飲む	마시다			
読む	읽다			
遊ぶ	놀다			
話す	이야기하다			
聞く	듣다			
行く	가다			
泳ぐ	헤엄치다			
ある	있다			
乗る	타다			
帰る	돌아가다/오다			
いる	있다			
見る	보다			
起きる	일어나다			
寝る	자다			
食べる	먹다			
来る	오다			
する	하다			

▶ ます형의 활용 연습 및 정리 [정답]

		그룹	～ます	～ません
買う	사다	1	かいます	かいません
会う	만나다	1	あいます	あいません
待つ	기다리다	1	まちます	まちません
持つ	들다, 가지다	1	もちます	もちません
死ぬ	죽다	1	しにます	しにません
飲む	마시다	1	のみます	のみません
読む	읽다	1	よみます	よみません
遊ぶ	놀다	1	あそびます	あそびません
話す	이야기하다	1	はなします	はなしません
聞く	듣다	1	ききます	ききません
行く	가다	1	いきます	いきません
泳ぐ	헤엄치다	1	およぎます	およぎません
ある	있다	1	あります	ありません
乗る	타다	1	のります	のりません
帰る	돌아가다/오다	1	かえります	かえりません
いる	있다	2	います	いません
見る	보다	2	みます	みません
起きる	일어나다	2	おきます	おきません
寝る	자다	2	ねます	ねません
食べる	먹다	2	たべます	たべません
来る	오다	3	きます	きません
する	하다	3	します	しません

03 조사 [～に, ～で, ～へ, ～を, ～と]

～に ～(시간, 장소)에	• 夜 12時に 寝ます。 밤 12시에 잡니다. • トイレは どこに ありますか。 　화장실은 어디에 있습니까?
～で ～(장소)에서	• 会社の 前で 待ちます。 회사 앞에서 기다립니다.
～へ ～(장소, 방향)에, 로	• 土曜日に 福岡へ 行きます。 　토요일에 후쿠오카에 갑니다.
～を ～을/를	• 毎朝 運動を します。 매일 아침 운동을 합니다.
～と ～과/와	• 友達と 帰ります。 친구와 돌아갑니다.

Tip

어디에서 어디까지 간다고 할 때, '～에서(기점)'와 '～까지(도착점)'를 나타내는 조사는 '～から'와 '～まで'를 씁니다. 즉 '서울에서 부산까지'는 'ソウルから 釜山まで'라고 하며 'ソウルで 釜山まで'는 잘못된 표현입니다.

Tip

'～へ'는 표기는 'へ[he]'이지만, 발음은 'え[e]'가 됩니다. 이것은 조사로 쓰이는 '～は[ha]'가 'わ[wa]'로 발음되는 경우와 마찬가지입니다.

| 예문 |

❶ 6時_____ 起きます。

6시에 일어납니다.

❷ 食堂_____ 友達_____ 昼ごはん_____ 食べます。

식당에서 친구와 점심을 먹습니다.

❸ 日曜日_____ 友達の 家_____ 行きます。

일요일에 친구 집으로 갑니다.

▶ **낱말과 표현**

夜 밤 | 寝る 자다 | トイレ 화장실 | 会社 회사 | 前 앞 | 待つ 기다리다 | 福岡 후쿠오카(규슈지방에 있는 도시) |
行く 가다 | 毎朝 매일 아침 | 運動 운동 | 帰る 돌아가다/오다 | 起きる 일어나다 | 食堂 식당 | 昼ごはん 점심 (식사) |
食べる 먹다

▶ 아래 예와 같이 문장을 완성해 봅시다.

예)

> 映画館
> バイトをする

A 日曜日は 何を しますか。 일요일은 무엇을 할 겁니까?

B 映画館で バイトを します。 영화관에서 아르바이트를 할 겁니다.

❶
図書館
本を読む

A 今日は 何を しますか。

B _____

❷
友達
映画を見る

A 明日は 何を しますか。

B _____

❸
8時
起きる

A 金曜日は 何時に 起きますか。

B _____

❹
実家
帰る

A 週末は 何を しますか。

B _____

▶ **낱말과 표현**

明日 내일 | 映画館 영화관 | バイト アルバイト(아르바이트)의 준말 | 本 책 | 読む 읽다 | 金曜日 금요일 | 実家 고향집

회화 연습 ································· Exercises 2

▶ 주어진 질문에 예와 같이 대답해 봅시다.

① 今日_{きょう}は 何_{なに}を しますか。 예) 友達_{ともだち}と カフェへ 行_いきます。

_____

② 明日_{あした}は 何_{なに}を しますか。 예) サッカーを します。

_____

③ 日曜日_{にちようび}は 何_{なに}を しますか。 예) 何_{なに}も しません。

_____

응용 연습 ································· Exercises 3

▶ 한국어 해석을 참고하여 밑줄 친 부분에 적절한 단어를 넣어 연습해 봅시다.

A _____さんは 今日_{きょう} 何_{なに}を しますか。 _____ 씨는 오늘 무엇을 할 겁니까?

B _____で _____。___さんは。 ____에서 _____~할 겁니다. ____ 씨는?

A 私_{わたし}は_____。저는 _____~할 겁니다.

B いいですね。週末_{しゅうまつ}は 何_{なに}を しますか。 좋네요. 주말은 무엇을 할 겁니까?

A _____。____さんは。 _____~할 겁니다. ____ 씨는?

B 私_{わたし}は _____。저는 _____~할 겁니다/하지 않을 겁니다.

▶ **낱말과 표현**

カフェ 카페 | サッカー 축구 | 何_{なに}も 아무것도

Track 1-13-02

私の 一日

朝、6時に 起きます。7時に 朝ごはんを 食べます。9時に 学校へ 行きます。12時まで 勉強を します。1時まで 友達と 昼ごはんを 食べます。その後、コーヒーを 飲みます。4時から 1時間 運動します。6時に 家へ 帰ります。

7時に 夕ごはんを 食べます。9時に ニュースを 見ます。その後、インターネットを します。11時に 寝ます。

▶ [읽기 연습]을 참고로 하여 나의 하루에 대해 써 봅시다.

▶ 낱말과 표현

一日 하루 | 朝 아침 | 学校 학교 | ~まで ~까지 | 昼ごはん 점심밥 | その後 그 후 | コーヒー 커피 | 飲む 마시다 |
1時間 한 시간 | 家 집 | 夕ごはん 저녁밥 | ニュース 뉴스 | インターネット 인터넷

問題1 ＿＿＿＿の ことばは どう よみますか。①・②・③・④から いちばん いい ものを
ひとつ えらんで ください。

1 本を 読みます。

① のみ   ② よみ   ③ とうみ   ④ どくみ

問題2 ＿＿＿＿の ことばは どう かきますか。①・②・③・④から いちばん いい ものを
ひとつ えらんで ください。

2 4時に ここへ きます。

① 切ます   ② 来ます   ③ 行ます   ④ 聞ます

問題3 （   ）に なにを いれますか。①・②・③・④から いちばん いい ものを ひとつ
えらんで ください。

3 図書館 （   ） 勉強を します。

① に   ② で   ③ へ   ④ と

4 友達 （   ） 行きます。

① に   ② で   ③ へ   ④ と

5 火曜日 （   ） 試験が あります。

① に   ② で   ③ へ   ④ と

▶ 東京 도쿄
とうきょう

● 개요

일본의 수도. 일본의 행정·문화·경제·교통 등의 중심지로 아시아·세계 주요 도시 중 하나이기도 하다. 도쿄를 중심으로 한 수도권은 자카르타, 서울, 델리를 넘는 세계 최대의 도시권을 구성하고 있다.

도쿄의 야경

● 三鷹の森ジブリ美術館
みたか もり び じゅつかん

미타카노모리 지브리 미술관

스튜디오 지브리의 일본 애니메이션 작품을 전시하는 미술관. 이 박물관은 미술 박물관이지만, 일반적인 미술 박물관과는 성격이 다르다. 아이들의 취향에 맞춘 많은 전시물과 불규칙하고 기이한 내부 장식으로 아이들이 신나게 놀 수 있는 박물관이다.

'모두 미아가 되자'라는 슬로건처럼 지정된 경로나 정해진 관람 순서가 없다. 박물관 팸플릿은 다양한 언어로 제공되지만, 박물관 내부에는 모든 표시가 일본어로만 표기되어 있다.

● もんじゃ焼き 몬자야키
や

물로 녹인 밀가루 반죽을 철판에서 조리해 먹는 도쿄 지방의 대표적 요리. 이 요리가 발전하여 오코노미야키가 탄생했다는 말도 전해지지만 오코노미야키보다 수분이 많아 부드럽다. 가열하는 조리 과정을 즐기는 놀이 요소가 강하기 때문에 기본적으로 자신이 먹을 것은 스스로 조리한다.

쓰키시마는 '몬자야키 마을'로 유명하여 많은 몬자야키 가게가 있고 관광객들이 많이 찾는 명소이기도 하다.

미타카노모리 지브리 미술관　　　　　몬자야키의 조리 과정(왼쪽)과 완성된 모습(오른쪽)

▶ 大阪 ^{おお さか} 오사카

● 개요

서일본의 중심지로서 가까운 교토, 고베와 더불어 대도시권을 형성하고 있다. 오사카 시의 인구는 도쿄, 요코하마에 이어 제3위.

고대로부터 항구도시로 번창했으며 에도 시대에는 수도 에도를 넘어 크게 발전함으로써 '천하의 부엌'이라는 별명까지 지어졌다.

'먹고 망함(먹는 데 재산을 탕진함)'의 도시라고도 할 만큼 음식문화도 잘 발달되어 있어 다양한 음식을 즐길 수 있다.

빌딩을 배경으로 서 있는 오사카성

오사카의 유명한 음식점

● アメリカ村 ^{むら} 미국촌

니시신사이바시(西心斎橋) 부근 삼각공원을 중심으로 한 지역을 가리킨다. 이곳에는 의류점을 중심으로 다양한 점포가 늘어서 있다. 1970년 무렵 서핑을 애호하던 젊은이들이 창고를 개조하여 미국에서 수입한 의류를 팔게 되면서 미국촌이라 불리기 시작했다.

2000년 무렵부터 방문객은 감소했지만 지금도 젊은이 문화의 발신지로서 '서쪽의 하라주쿠', '서쪽의 시부야'라고 불리기도 한다.

● たこ焼き ^や 다코야키

일본 어디에서나 팔고 있는 밀가루 요리의 하나이지만 오사카의 다코야키는 표면이 부드럽고 속은 걸쭉하여 모양이 겨우 유지될 정도로 굽는 것이 특징이다. 하지만 점포도 많고 사람의 기호도 다양하기 때문에 '다코야키에는 정답이 없다'고 하는 것이 정답이라고 할 수 있다.

다코야키 굽는 모습(왼쪽)과 소스를 뿌리고 가쓰오부시를 얹은 모습(오른쪽)

コンピューター 컴퓨터

パソコン
PC

キーボード
키보드

マウス
마우스

クリック
클릭

デスクトップ
데스크탑, 바탕화면

ノートパソコン
노트북

タブレット
태블릿

ワード
MS-Word

エクセル
MS-Excel

入力
입력

スマートフォン＊
스마트폰

アプリケーション＊＊
애플리케이션

＊ 약칭-スマホ
＊＊ 약칭-アプリ

高校時代の 友達に 会いました。

고교 시절의 친구를 만났습니다.

point

회화  Dialogue

Track 1-14-01

佐藤　昨日は 何をしましたか。

張　　高校時代の 友達に 会いました。佐藤さんは。

佐藤　私は 友達と お酒を 飲みました。

張　　日曜日は 何を しましたか。

佐藤　釜山で シティーバスに 乗りました。張さんは。

張　　私は どこへも 行きませんでした。

▶ 낱말과 표현

昨日 어제 | 高校時代 고교 시절 | 友達に 会う 친구를 만나다 | お酒を 飲む 술을 마시다 | 釜山 부산 |
シティーバスに 乗る 시티버스를 타다 | どこへも 어디에도

01 【ます형】ました ~했습니다
【ます형】ませんでした ~하지 않았습니다

» ます → ました ~했습니다

飲む 마시다 → 飲みます 마십니다 → 飲みました 마셨습니다

» ません → ませんでした ~하지 않았습니다

飲みません 마시지 않습니다 → 飲みませんでした 마시지 않았습니다

| 예문 |

❶ カタカナを 覚えました。 가타카나를 외웠습니다.

❷ 車を 買いました。 자동차를 샀습니다.

❸ カフェで コーヒーを 飲みました。 카페에서 커피를 마셨습니다.

❹ お酒を 飲みませんでした。 술을 마시지 않았습니다.

❺ 日本語の 勉強を しませんでした。 일본어 공부를 하지 않았습니다.

❻ 佐藤さんと 一緒に 映画を 見ませんでした。
사토 씨와 같이 영화를 보지 않았습니다.

▶ 낱말과 표현

覚える 외우다 | 勉強 공부 | 一緒に 같이

02   '〜に 会う'와 '〜に 乗る'

» 〜に 会う ～을/를 만나다

友達に 会う 친구를 만나다

» 〜に 乗る ～을/를 타다

タクシーに 乗る 택시를 타다

| 예문 |

❶ 久しぶりに 母に 会いました。 오랜만에 어머니를 만났습니다.

❷ 昨日は 友達に 会いませんでした。

어제는 친구를 만나지 않았습니다.

❸ 朝早く 電車に 乗りました。 아침 일찍 전철을 탔습니다.

❹ 昨日は バスに 乗りませんでした。

어제는 버스를 타지 않았습니다.

▸ **낱말과 표현**

タクシー 택시 │ **久しぶりに** 오랜만에 │ **朝早く** 아침 일찍 │ **電車** 전철 │ **バス** 버스

▶ 아래 예와 같이 문장을 완성해 봅시다.

예)

A 昨日は 日本語の 勉強を しましたか。 어제는 일본어 공부를 했습니까?

B はい、しました。 네, 했습니다.

<u>いいえ、しませんでした。</u> 아니요, 하지 않았습니다.

① A 週末は バイトを しましたか。

B はい、_____。

② A 金曜日は 夜遅く 家に 帰りましたか。

B いいえ、_____。

③ A 誕生日に プレゼントを 買いましたか。

B はい、_____。

④ A 日本で 新幹線に 乗りましたか。

B いいえ、_____。

▶ 낱말과 표현

週末 주말 | バイト 아르바이트 | 夜遅く 밤늦게 | 家 집 | 帰る 돌아가다/오다 | 誕生日 생일 | プレゼント 선물 | 買う 사다 | 新幹線 신칸센(일본의 고속철도)

▶ 주어진 질문에 예와 같이 대답해 봅시다.

① 昨日は 何を しましたか。 예) 一日中 ゲームを しました。

_____

② 土曜日は 何を しましたか。 예) 高校の 友達に 会いました。

_____

③ 夏休み/冬休みは 何を しましたか。 예) 北海道旅行を しました。

_____

④ 昨日は 何時に 寝ましたか。 예) 11時に 寝ました。

_____

⑤ 今日は 何時に 起きましたか。 예) 7時に 起きました。

_____

▶ **낱말과 표현**

一日中 하루 종일 | ゲーム 게임 | 高校 고등학교 | 会う 만나다 | 夏休み 여름방학 | 冬休み 겨울방학 |
北海道 홋카이도 | 旅行 여행 | 寝る 자다 | 起きる 일어나다

▶ 한국어 해석을 참고하여 밑줄 친 부분에 적절한 단어를 넣어 연습해 봅시다.

A 昨日(きのう)は 何(なに)を しましたか。

B _____。 _____さんは。

A 私(わたし)は _____。

B 日曜日(にちようび)は 何(なに)を しましたか。

A _____。 _____さんは。

B 私(わたし)は _____。

A 어제는 무엇을 했습니까?

B _____~했습니다. _____ 씨는?

A 저는 _____~했습니다.

B 일요일은 무엇을 했습니까?

A _____~했습니다. _____ 씨는?

B 저는 _____~했습니다/하지 않았습니다.

읽기 연습 .... Reading

私の 誕生日

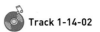 Track 1-14-02

家族と 近くの バイキングレストランで 外食を しました。そこで 大好きな 寿司と 刺身を たくさん 食べました。おいしかったです。それから、カラオケへ 行きました。私は 歌が 好きです。ずっと 歌いました。母も いろんな 曲を 歌いました。父は あまり 歌いませんでした。楽しい 誕生日でした。

쓰기 연습 .... Writing

▶ [읽기 연습]을 참고로 하여 생일에 무엇을 했는지 써 봅시다

▶ 낱말과 표현

家族 가족 | 近く 근처 | バイキングレストラン 뷔페 레스토랑 | 外食 외식 | する 하다 | そこ 거기, 그곳 |
大好きだ 아주 좋아하다 | 寿司 초밥 | 刺身 회 | たくさん 많이 | 食べる 먹다 | おいしかったです 맛있었습니다 |
それから 그리고 | カラオケ 노래방 | 行く 가다 | 歌 노래 | ずっと 계속 | 歌う (노래를) 부르다 |
いろんな 여러 가지 | 曲 곡 | あまり 별로 | 楽しい 즐겁다

問題1 ＿＿＿ の ことばは どう よみますか。①・②・③・④から いちばん いい ものを
ひとつ えらんで ください。

1 カラオケで いろんな きょくを 歌います。

① うかいます　　② うさいます　　③ うたいます　　④ うないます

問題2 ＿＿＿ の ことばは どう かきますか。①・②・③・④から いちばん いい ものを
ひとつ えらんで ください。

2 コーヒーを のみました。

① 飲みました　　② 欲みました　　③ 欽みました　　④ 炊みました

問題3 （　　）に なにを いれますか。①・②・③・④から いちばん いい ものを ひとつ
えらんで ください。

3 学校で 友達（　　　）会いました。

① を　　　　　② に　　　　　③ へ　　　　　④ で

4 きょうは 電車に （　　　　）ます。

① の　　　　　② のい　　　　　③ のり　　　　　④ のる

問題4 つぎの ことばの つかいかたで いちばん いい ものを ①・②・③・④から ひとつ
えらんで ください。

5 帰る

① きのうは 本を 帰りました。

② きのうは 部屋で 帰りました。

③ きのうは バスに 帰りませんでした。

④ きのうは うちへ 帰りませんでした。

일본 문화 탐방

▶ 京都 교토
<ruby>きょうと</ruby>

● 개요

794년 수도로 지정된 헤이안쿄를 중심으로 한 도시이다. 일본 정치의 중심지로서 오랜 역사 속에서 큰 역할을 맡아왔다. 지금도 신사·절·사적·오래된 건축물 등이 많이 남아 있으며, 다양한 행사나 축제로 국내·외 관광객을 매혹하는 일본을 대표하는 도시 중 하나로 꼽힌다.

한국의 경주와 자주 비교되는 도시로서 인구도 일본 도시 중 9위에 이른다. 현대화도 잘 진행되어 오래된 것과 새로운 것이 조화를 이루는 매력적인 도시이다.

교토의 금각사

교토의 기요미즈절

● 伏見稲荷大社 후시미이나리 대사
<ruby>ふしみいなりたいしゃ</ruby>

일본에는 많은 신사가 있지만 그 중에서도 '이나리 신사'라고 불리는 신사가 전국에 30,000개 이상이나 있다. 그 총본산이 교토의 후시미이나리 대사이다.

천 개가 넘는 센본 도리이*가 만들어내는 광경은 매우 압도적이며 입장료 또한 무료라서 더욱 매력적이다.

교토에는 세계문화유산으로 등록되어 있는 금각사나 기요미즈데라와 같은 명소도 많은데, 후시미이나리 대사도 국내외 관광객으로부터 찬사를 받는 명소로 유명하다.

● 天下一品ラーメン 덴카잇뻰 라면
<ruby>てんかいっぴん</ruby>

교토를 본거지로 하는 라면 체인점. 전국에 200개 이상의 점포가 있다. 수프는 기본적으로 '진한 맛'과 '시원한 맛' 두 종류가 있다. 제조 방법은 비밀로 지켜지는데, 고래 기름이나 소의 기름을 쓴다는 소문이 있으나 진실은 알 수 없다. '라면과는 다른 요리, 라면을 넘은 라면'이라고 표현될 정도로 맛있다고 한다.

*도리이…전통적인 일본의 문으로 일반적으로 신사의 입구에서 볼 수 있다.

▶ 札幌 삿포로
<ruby>札幌<rt>さっぽろ</rt></ruby>

● 개요

홋카이도 최대의 도시이자 전국에서도 나고 야 다음으로 큰 제 5위의 도시이다.

홋카이도는 1800년 후반부터 개척 사업이 시작되었다. 원주민은 아이누 족이다. 아직도 홋카이도 각지에는 아이누 문화가 많이 남아 있으며, 이 '삿포로'라는 지명도 아이누어에서 유래되었다고 한다.

북방에 위치하기 때문에 다른 일본 도시와 는 기후가 매우 다르다. 하기에는 장마가 없고 동기에는 추위가 심하다. 겨울 평균 강설량은 약 5m 정도나 된다.

● 札幌雪祭り 삿포로 눈 축제
<ruby>札幌雪祭り<rt>さっぽろゆきまつ</rt></ruby>

매년 2월 초 삿포로의 오도리 공원을 비롯한 여러 곳에서 개최되는 눈과 얼음의 축제. 눈으 로 만들어진 작품이 많이 전시되지만 얼음으로 만들어진 작품도 볼거리이다.

매년 200만 명 이상의 관광객이 방문하므로 입지가 좋은 숙소에 머물고 싶다면 서둘러 예 약할 필요가 있다.

● ジンギスカン 징기스칸

양고기를 구운 요리. 징기스칸나베라고 불 리는 독특한 냄비를 가열하여 얇게 썰어 놓은 양고기를 구워 거기서 나온 육즙으로 야채를 조리해 먹는다.

몽고 제국을 이끈 징기스칸이 원정 중에 먹 은 것으로 알려져 있지만 실제 몽고요리와는 조금 다르다. 중국에서 들어온 양고기 구이 요 리가 일본풍으로 바뀌고 그것이 지금의 징기스 칸요리가 되었다고 보면 된다.

▶ 징기스칸

삿포로 눈 축제   오도리 공원의 여름(위)과 겨울(아래)

インターネット 인터넷*

ウェブブラウザ
웹 브라우저

ログアウト
로그아웃

ログイン
로그인

検索エンジン
검색 엔진

ポータルサイト
포털 사이트

ホームページ
홈페이지

ブログ
블로그

ユーチューブ
유튜브

ツイッター
트위터

フェイスブック
페이스북

ダウンロード
다운로드

インストール
인스톨-설치

* 약칭-ネット

一緒に 見に
行きましょう。

いっ　しょ　　　　　み
い

같이 보러 갑시다.

point

Track 1-15-01

山田 ハンさん、日曜日、何か 予定が ありますか。

韓 特に 予定は ありません。

山田 じゃ、一緒に 映画を 見に 行きませんか。

韓 いいですね。何を 見ましょうか。

山田 日本の 映画を 見ましょう。

韓 いいですね。
　　10時に 新宿駅の 東口で 会いましょう。

▶ 낱말과 표현

何か 뭔가 | 予定 예정 | 特に 특별히 | じゃ 그럼 | 一緒に 같이 | 見に 行きませんか 보러 가지 않겠습니까? |
いいですね 좋네요 | 見ましょうか 볼까요? | 見ましょう 봅시다 | 新宿 신주쿠(도쿄의 중심. 도청이 있음) | 駅 역 |
東口 동쪽 출구 | 会いましょう 만납시다

01 권유 표현

» 【ます형】 ましょう ~합시다

行く → 行きましょう 갑시다

» 【ます형】 ましょうか ~할까요?

行く → 行きましょうか 갈까요?

» 【ます형】 ませんか ~하지 않겠습니까?

行く → 行きませんか 가지 않겠습니까?

| 예문 |

❶ 学食で 会いましょう。

학생 식당에서 만납시다.

❷ 昼ごはんは 何を 食べましょうか。

점심은 무엇을 먹을까요?

❸ 一緒に コーヒーを 飲みませんか。

같이 커피를 마시지 않겠습니까?

▶ **낱말과 표현**

学食 학생 식당 | **昼ごはん** 점심밥 | **食べる** 먹다 | **飲む** 마시다

02 【ます형】に ~하러

>> 見る(보다) → 見ます(봅니다) → 見に(보러)

映画を 見に 行きます。 영화를 보러 갑니다.

>> する(하다) → します(합니다) → しに(하러)

韓国語を 勉強しに 来ました。 한국어를 공부하러 왔습니다

| 예문 |

❶ 図書館へ 本を 読みに 行きました。

　도서관에 책을 읽으러 갔습니다.

❷ 週末は 海へ 遊びに 行きます。

　주말은 바다에 놀러 갈 겁니다.

❸ 寮へ ごはんを 食べに 帰りました。

　기숙사에 밥을 먹으러 돌아갔습니다.

❹ ソウルへ 韓国語を 習いに 来ました。

　서울에 한국어를 배우러 왔습니다.

▶ **낱말과 표현**

読む 읽다 | **遊ぶ** 놀다 | **寮** 기숙사 | **ごはん** 밥 | **習う** 배우다

▶ 아래 예와 같이 문장을 완성해 봅시다.

예)

> 映画を見る
> 何
> 日本の 映画

A 映画を 見ませんか。 영화를 보지 않겠습니까?

B いいですね。映画を 見ましょう。 좋네요. 영화를 봅시다.

A 何を 見ましょうか。 무엇을 볼까요?

B 日本の 映画を 見ましょう。 일본 영화를 봅시다.

❶

> お酒を 飲む
> 何
> ビール

A _____

B いいですね。 _____

A _____

B _____

❷

> テニスを する
> どこ
> 学校

A _____

B いいですね。 _____

A _____

B _____

❸

> 遊びに 行く
> どこ
> 済州道

A _____

B いいですね。 _____

A _____

B _____

▶ **낱말과 표현**

お酒 술 ｜ ビール 맥주 ｜ テニス 테니스 ｜ 済州道 제주도

▶ 주어진 질문에 예와 같이 대답해 봅시다.

① 授業の 後、食事を しませんか。

예) はい、食事を しましょう。 / すみません。予定が あります。

_____

② 土曜日に 山へ 行きませんか。

예) はい、行きましょう。 / 土曜日は ちょっと。

_____

③ 明日、日本語の 勉強を しませんか。

예) はい、勉強を しましょう。 / 明日は ちょっと。

_____

④-1 昨日は どこへ 行きましたか。

예) 海へ 行きました。

_____

④-2 何を しに 行きましたか。

예) 泳ぎに 行きました。

_____

▶ 낱말과 표현

授業 수업 | 後 후 | 食事 식사 | すみません 미안합니다 | 山 산 | ちょっと 좀 | 勉強 공부 | 海 바다 | 泳ぐ 수영하다

▶ 한국어 해석을 참고하여 밑줄 친 부분에 적절한 단어를 넣어 연습해 봅시다.

A ＿＿＿＿さん、日曜日、何か 予定が ありますか。

B 特に 予定は ありません。

A じゃ、一緒に ＿＿＿＿＿＿＿＿ 行きませんか。

B いいですね。＿＿＿＿＿＿＿＿＿＿。

A ＿＿＿＿＿＿＿＿＿＿＿。

B いいですね。＿＿＿時に ＿＿＿＿で 会いましょう。

A ＿＿＿＿＿ 씨, 일요일에 뭔가 예정이 있습니까?

B 특별히 예정은 없습니다.

A 그러면 같이 ＿＿＿＿＿～하러 가지 않겠습니까?

B 좋네요. ＿＿＿＿＿～할까요?

A ＿＿＿＿＿～합시다.

B 좋네요. ＿＿＿시에 ＿＿＿＿에서 만납시다.

Track 1-15-02

日本で する こと

私は 来年の ４月に ワーキングホリデーで 東京へ 行きます。

私の 計画では 勉強も しますが、旅行も します。

京都や 北海道、富士山など、いろんな ところへ 遊びに 行きます。

また、コンビニや レストランで アルバイトも します。

とにかく いろんな 経験を します。

쓰기 연습 ··· Writing

▶ [읽기 연습]을 참고로 하여 외국에 갈 계획을 만들어 봅시다.

▶ 낱말과 표현

こと 일 | 来年 내년 | ワーキングホリデー 워킹 홀리데이 | 東京 도쿄 | 計画 계획 | ~が ~지만 | 旅行 여행 |
京都 교토 | 北海道 홋카이도 | 富士山 후지산(일본에서 가장 높은 산) | など 등 | いろんな 여러 | ところ 곳 | また 또 |
コンビニ 편의점 | レストラン 레스토랑 | アルバイト 아르바이트 | とにかく 어쨌든 | 経験 경험

JLPT에 도전!! ·························· Actual practice

問題 1 つぎの ことばの つかいかたで いちばん いい ものを ①・②・③・④から ひとつ
えらんで ください。

1 行きませんか

① きのうは どこへ 行きませんか。　② あした、どこへ 行きませんか。

③ きのうは 海へ 行きませんか。　④ あした、海へ 行きませんか。

問題 2 (　　　)に なにを いれますか。①・②・③・④から いちばん いい ものを ひとつ
えらんで ください。

2 新宿へ (　　　) 行きます。

① 遊ばに　　② 遊びに　　③ 遊ぶに　　④ 遊べに

3 レストランへ ステーキを (　　　) 行きました。

① 食べに　　② 食べりに　　③ 食べるに　　④ 食べれに

4 一緒に コーヒーを (　　　)。

① 飲みですか　② 飲むですか　③ 飲みませんか　④ 飲むませんか

5 何時に どこで (　　　)。

① 会いませんよ　② 会いましょうよ　③ 会いませんか　④ 会いましょうか

일본 문화 탐방

▶ 福岡 후쿠오카
ふくおか

● 개요

서일본에서 오사카 다음으로 큰 도시이자 규슈 최대의 도시이기도 하다. 특히 하카타라고 불리는 중심부는 하카타만과 접하고 있어 예부터 대륙으로 통하는 관문으로 이용되어 왔다. 한국 부산에서 가장 가까운 도시로 양국의 교류도 성행해 왔다.

나카스, 텐진, 하카타 등지에서 밤에만 볼 수 있는 포장마차 수는 일본에서 가장 많으며 그것을 보고 즐기기 위해 방문하는 관광객도 적지 않다고 한다.

후쿠오카 타워가 보이는 해안 정경

후쿠오카 돔 구장

● キャナルシティ博多 커낼시티 하카타
はかた

번화가에 위치한 복합 상업 시설로 오피스, 호텔, 쇼핑몰, 아뮤즈먼트 시설, 영화관 등을 포함한 7개의 건물로 구성되어 있다. 커낼이 영어로 운하를 의미하듯 지하 1층에는 인공 운하가 흐르고 있다.

거의 매일 매직쇼나 음악 공연 등 다양한 행사를 볼 수 있어 하루 종일 있어도 지루하지 않다.

● 博多ラーメン 하카타 라면
はかた

수프는 돼지 뼈를 사용한다. 돼지 뼈를 센불로 끓이기 때문에 뼈의 젤라틴이 녹아 탁한 유백색의 수프가 된다. 면은 아주 가늘며 면의 삶는 정도를 선택할 수 있다는 특징이 있다. 또한 면 리필이 가능하기 때문에 더욱 유명해졌다.

하카타를 중심으로 한 번화가에서는 심야 영업이나 24시간 영업 점포가 있으며 특히 이곳 회사원들은 연회나 회식의 마무리로 라면집에 많이 가는 것으로 유명하다.

横浜 _{よこはま} 요코하마

개요

일본 제2의 도시. 19세기 후반 개항 후 일본의 외국 무역 중심지로서 발전해 왔다.

도쿄에서 가까우면서도 바다를 끼고 많은 관광명소가 들어서 있어 국내외에서 많은 관광객과 데이트객들이 방문한다.

新横浜ラーメン博物館
신요코하마 라면 박물관

'전국 각지의 라면을 비행기를 타지 않고 먹으러 갈 수 있다'라는 컨셉으로 지어진 곳이다. 항상 열 개 이상의 라면집이 입점되어 있고 입장료를 내고 들어가면 전국 각지의 다양한 라면 문화를 즐길 수 있다.

전국 각지에 산재하는 푸드테마파크의 선구지로서 1993년 창립 이후 항상 높은 인기를 자랑하고 있다.

肉まん _{にく} 돼지 만두

요코하마에는 일본 최대의 중화거리가 있다. 그곳에서 제일 유명한 음식 중 하나가 바로 돼지 만두이다. 돼지 만두는 아주 흔한 요리로서 일본 내 어디서든 먹을 수 있지만 요코하마 중화거리에서 판매되는 돼지 만두는 격이 다르다고 한다.

돼지 만두를 파는 가게 앞 모습

중화 거리에는 많은 점포가 늘어서 있지만 조금씩 맛이 다르고 특색이 있다. 가게들을 돌며 비교해 보는 것도 좋은 관광이 될 수 있다.

◀ 라면 박물관

スイーツ 스위츠

チーズケーキ
치즈케이크

パンケーキ
팬케이크

カステラ
카스텔라

アイスクリーム
아이스크림

ソフトクリーム
소프트아이스크림

パフェ
파르페

クレープ
크레이프

プリン
푸딩

チョコレート
초콜릿

わ が し
和菓子
화과자―일본 전통 과자

もち
餅
떡

まんじゅう*
만주

＊'和菓子'의 하나로 밀가루나 쌀 등의 반죽에 팥소를 넣고 찌거나 구운 과자.

부록

4과

▶ 회화

사토	처음 뵙겠습니다. 사토 히로시입니다.
김	처음 뵙겠습니다. 김나연입니다.
사토	아무쪼록 잘 부탁합니다.
김	저야말로 아무쪼록 잘 부탁합니다.
사토	김 상은 학생입니까?
김	네, 학생입니다. 사토 씨도 학생입니까?
사토	아니요, 저는 학생이 아닙니다. 회사원입니다.

▶ 읽기 연습

처음 뵙겠습니다. 다치바나 가오리입니다. 회사원입니다.
사는 곳은 도쿄가 아닙니다. 오사카입니다.
아무쪼록 잘 부탁합니다.
김 상도 회사원입니까? 사는 곳은 어디입니까?
답장 주세요.

5과

▶ 회화

이	그것은 무엇입니까?
스즈키	이것은 연필입니다.
이	그것은 누구의 연필입니까?
스즈키	이 연필은 저의 것입니다.
이	그 책도 스즈키 씨의 것입니까?
스즈키	아니요, 이것은 저의 것이 아닙니다. 야마다 씨의 것입니다.

▶ 읽기 연습

이것은 일본의 돈입니다.
이것은 천 엔권입니다. 이 사람은 노구치 히데요입니다.
이 산은 후지산입니다. 이 꽃은 벚꽃입니다.
그것은 한국의 돈입니다.
저것은 중국의 돈입니다.

6과

▶ 회화

박	저기요, 다카하시 씨, 지금 몇 시입니까?
다카하시	음……, 8시 50분입니다. 다음 수업은 몇 시부터입니까?
박	11시부터입니다. 다카하시 씨는?
다카하시	저는 오후 2시부터 4시까지입니다.

▶ 읽기 연습

오늘은 학교 수업이 오전 9시부터 오후 6시까지입니다.
내일은 일본어 회화 시험입니다. 시험은 10시부터입니다.
시험 후는 친구와 식사입니다.(시험 후에는 친구와 식사를 할 겁니다.)
그리고 그 후는 아르바이트입니다.(그리고 그 후에는 아르바이트를 할 겁니다.)
아르바이트는 오후 4시부터 8시 반까지입니다.

7과

▶ 회화

❶

최	오늘 무슨 요일입니까?
다나카	화요일입니다.
최	그럼 내일은 수요일이네요.

❷

다나카	최 상의 생일은 언제입니까?
최	4월 8일입니다.
다나카	어? 내일이네요. 최 상 생일 축하합니다.

▶ 읽기 연습

제 생일은 10월 2일입니다. 내일은 제 생일입니다.
저는 대학교 2학년이고 취미는 가라오케(노래방에서 노래 부르기)입니다.

사토 씨는 저의 친구입니다. 생일은 4월 15일입니다.
대학교 3학년이고 취미는 테니스입니다.
오늘부터 학교 축제입니다. 학교 축제는 화요일부터 금요
일까지입니다.

8과

▶ 회화

점원	어서 오세요.
박	저기요……, 이 케이크는 얼마입니까?
점원	270엔입니다.
박	커피는 얼마입니까?
점원	커피는 320엔입니다.
박	그럼, 케이크 한 개와 커피를 두 개 주세요.
점원	네, 모두 해서 910엔입니다.

▶ 읽기 연습

오늘은 동대문시장에 갔습니다. 귀여운 스웨터가 3만 원
이었습니다. 치마는 2만 8천 원이었습니다. 신발은 만 원
이었습니다. 매우 쌉니다. 그래서 저는 신발을 두 켤레나
샀습니다. 전부 해서 7만 8천 원이었습니다.

9과

▶ 회화

와타나베	강 상, 일본어 공부는 어떻습니까?
강	아주 재미있습니다.
	와타나베 씨, 한국어 수업은 어떻습니까?
와타나베	즐겁습니다. 하지만 조금 어렵습니다.
강	그래요. 한국어 선생님은 친절합니까?
와타나베	글쎄요……. 별로 친절하지 않습니다.

▶ 읽기 연습

김 상은 제 친구입니다. 매우 사이가 좋습니다.
김 상은 매우 귀엽습니다. 그리고 친절합니다.
어제는 김 상 생일이었습니다. 그래서 친구들과 파티를 했
습니다.
파티는 매우 즐거웠습니다.
그렇지만 요리는 별로 맛있지 않았습니다.

10과

▶ 회화

야마모토	조 상은 어떤 음악을 좋아합니까?
조	조용한 음악을 좋아합니다.
야마모토	저도요. 스포츠는 무엇을 좋아합니까?
조	글쎄요. 축구를 좋아합니다. 야마모토 씨는?
야마모토	저는 축구보다 테니스 쪽을 더 좋아합니다.
조	저도 테니스를 좋아합니다.
	하지만 별로 잘하지 못합니다.

▶ 읽기 연습

저는 애니메이션을 매우 좋아합니다. 일본 애니메이션 중
에서는 토토로를 가장 좋아합니다. 그리고 일본 음식도 좋
아합니다. 일본인 친구와 자주 라면을 먹습니다. 그 친구
는 요리를 잘하며, 그 중에서도 오코노미야키를 가장 잘합
니다. 하지만 저는 오코노미야키보다 다코야키를 더 좋아
합니다.

11과

▶ 회화

나카무라	넓은 캠퍼스네요. 도서관은 어디에 있습니까?
임	저기입니다. 본관 옆에 있습니다.
나카무라	가깝네요. 카페도 있습니까?
임	네, 도서관 안에 있습니다.
나카무라	오늘은 별로 학생이 없네요.

임   오늘은 일요일입니다.

▶ 읽기 연습

나의 집

저의 집은 아파트입니다. 서울 용산에 있습니다.
용산역에서 그다지 멀지 않습니다. 용산역 근처에는 큰 슈퍼가 있습니다. 슈퍼에는 항상 사람이 많이 있습니다.
아파트 뒤에는 산이 있습니다. 산에는 다람쥐나 사슴이나 멧돼지가 있습니다

12과

▶ 회화

윤   고바야시 씨는 가족이 몇 명입니까?
고바야시 가족은 다섯 명입니다. 아버지와 어머니와 오빠
         두 명이 있습니다.
윤   고바야시 씨는 오빠가 두 명입니까? 좋네요.
고바야시 윤 상은 가족이 몇 명입니까?
윤   저도 가족이 다섯 명입니다. 부모님과 언니와
         여동생이 있습니다.
고바야시 언니와 여동생입니까? 저는 윤 상이 부럽습니
         다.

▶ 읽기 연습

나의 가족

저희 가족은 4명이며 아버지와 어머니와 여동생이 있습니다.
아버지는 회사원이고 술을 좋아합니다. 어머니는 주부이고 자상한 사람입니다.
여동생은 대학생이고 내년에 졸업합니다. 저는 취업 준비생이고 지금 조금 힘듭니다. 그리고 저희 집에는 고양이도 있습니다. 고양이도 소중한 가족입니다.

13과

▶ 회화

오   가토 씨는 오늘 무엇을 할 겁니까?
가토   도서관에서 공부를 할 겁니다. 오 상은?
오   저는 친구와 영화를 볼 겁니다.

가토   좋네요. 주말은 무엇을 할 겁니까?
오   토요일에 여자 친구와 서울에 갈 겁니다. 가토
         씨는?
가토   저는 어디에도 가지 않을 겁니다.

▶ 읽기 연습

나의 하루

아침 6시에 일어납니다. 7시에 아침밥을 먹습니다. 9시에 학교에 갑니다. 12시까지 공부를 합니다. 1시까지 친구와 점심밥을 먹습니다. 그 후에 커피를 마십니다. 4시부터 1시간 운동합니다. 6시에 집에 돌아갑니다.
7시에 저녁밥을 먹습니다. 9시에 뉴스를 봅니다. 그 후에 인터넷을 합니다. 11시에 잡니다.

14과

▶ 회화

사토   어제는 무엇을 했습니까?
장   고교시절의 친구를 만났습니다. 사도 씨는요?
사토   저는 친구와 술을 마셨습니다.

장   일요일은 무엇을 했습니까?
사토   부산에서 시티버스를 탔습니다. 장 상은요?
장   저는 어디에도 가지 않았습니다.

▶ 읽기 연습

나의 생일

가족과 근처의 뷔페 레스토랑에서 외식을 했습니다. 거기서 제가 아주 좋아하는 초밥과 회를 많이 먹었습니다. 맛있었습니다. 그리고 노래방에 갔습니다. 저는 노래를 좋아합니다. 계속 노래를 불렀습니다. 어머니도 여러 곡을 불렀습니다. 아버지는 별로 노래를 부르지 않았습니다. 즐거운 생일이었습니다.

15과

▶ 회화

야마다	한 상, 일요일 뭔가 예정이 있습니까?
한	특별히 예정은 없습니다.
야마다	그러면 같이 영화를 보러 가지 않겠습니까?
한	좋네요. 무엇을 볼까요?
야마다	일본 영화를 봅시다.
한	좋네요. 10시에 신주쿠 역 동쪽 출구에서 만납시다.

▶ 읽기 연습

일본에서 할 일

저는 내년 4월에 워킹 홀리데이로 도쿄에 갈 겁니다.
제 계획으로는 공부도 하지만, 여행도 할 겁니다.
교토나 홋카이도, 후지산 등 여러 곳에 놀러 갈 겁니다.
또 편의점이나 레스토랑에서 아르바이트도 할 겁니다.
어쨌든 여러 경험을 할 겁니다.

4과

① 私は 学生です。

② 彼は 日本人です。

③ 彼女も 会社員ですか。

④ 私も 医者じゃ ありません。

⑤ 先生は 韓国人じゃ ありません。

5과

① これは 誰の 靴ですか。

② それは 何の 本ですか。

③ あの 人は 私の 友達です。

④ この 傘は 私のです。

⑤ あれは 私の 時計じゃ(では) ありません。
先生のです。

6과

① 今 何時ですか。

② 3時 20分です。

③ 授業は 午前 9時から 11時までです。

④ 試験は 午後 2時からです。

⑤ 今は 4時10分です。

7과

① 今日は 何曜日ですか。

② 誕生日は いつですか。

③ 試験は いつから いつまでですか。

④ 明日は 9月 はつか 月曜日です。

⑤ お誕生日 おめでとうございます。

8과

① いらっしゃいませ。

② この 本は いくらですか。

③ 何歳ですか。

④ あの 時計は 6千3百円です。

⑤ じゃ、うどんと とんかつを ください。

9과

① 今日は 暑いです。

② この 本は とても 面白いです。

③ 日本語は あまり 難しく ありません。

④ この 店は 静かです。

⑤ あの 人は きれいです。
でも 親切じゃ ありません。

10과

예)

① 私は ラーメンが 好きです。

저는 라면을 좋아합니다.

② 私は 虫が 嫌いです。

저는 벌레를 싫어합니다.

③ 私は 英語が 上手です。

저는 영어를 잘합니다.

④ 私は 歌が 下手です。

저는 노래를 잘 못합니다.

*11과부터는 [읽기 연습]을 참고로 하여 자신의 생각을 자유롭게 써 봅시다.

3과

1 ②   2 ②   3 ③   4 ④   5 ①

4과

1 ③   2 ①   3 ②   4 ③   5 ④

5과

1 ③   2 ④   3 ①   4 ②   5 ①

6과

1 ④   2 ③   3 ④   4 ③   5 ②

7과

1 ②   2 ③   3 ④   4 ④   5 ①

8과

1 ②   2 ④   3 ③   4 ④   5 ①

6 ①   7 ②

9과

1 ②   2 ①   3 ②   4 ③   5 ④

6 ③   7 ④

10과

1 ③   2 ④   3 ②   4 ③   5 ①

11과

1 ③   2 ②   3 ①   4 ③   5 ②

12과

1 ①   2 ③   3 ①   4 ④   5 ②

13과

1 ②   2 ②   3 ②   4 ④   5 ①

14과

1 ③   2 ①   3 ②   4 ③   5 ④

15과

1 ④   2 ②   3 ①   4 ③   5 ④

색인(50음도순)

210

213

217

は

참고 문헌

□ 정태준, 성해준, 한탁철, 감영희, 『하키하키 일본어 1』 동양북스(2011)

□ 정태준, 성해준, 한탁철, 감영희, 『하키하키 일본어 2』 동양북스(2011)

□ 문선희, 유창석, 김영, 『감바레 일본어 STEP1』 동양북스(2013)

□ 문선희, 임만호, 유창석, 『감바레 일본어 STEP2』 동양북스(2014)

□ 島田洋子 『日本人必携・留学生にも役立つ日本の文化と礼儀』 三恵社(2013)

□ 津堅信之 『日本のアニメは何がすごいのか 世界が惹かれた理由』 祥伝社(2014)

□ 山本素子 『日本の伝統文化』 IBCパブリッシング(2010)

□ 佐々木瑞枝 『クローズアップ日本事情15-日本語で学ぶ社会と文化』 ジャパンタイムズ(2017)

□ 旅行ガイドブック編集部 『まっぷる 東京』 昭文社(2017)

□ 旅行ガイドブック編集部 『まっぷる 大阪』 昭文社(2017)

□ 旅行ガイドブック編集部 『まっぷる 京都』 昭文社(2017)

□ 旅行ガイドブック編集部 『まっぷる 札幌』 昭文社(2017)

□ 旅行ガイドブック編集部 『まっぷる 福岡』 昭文社(2017)

□ 旅行ガイドブック編集部 『まっぷる 横浜』 昭文社(2017)

□ 旅行ガイドブック編集部 『まっぷる 沖縄』 昭文社(2017)

□ 旅行ガイドブック編集部 『まっぷる 仙台』 昭文社(2017)

□ 旅行ガイドブック編集部 『まっぷる 名古屋』 昭文社(2017)

□ 旅行ガイドブック編集部 『まっぷる 神戸』 昭文社(2017)

Memo

Memo

동양북스 채널에서 더 많은 도서
더 많은 이야기를 만나보세요!

▶ 유튜브

📷 인스타그램

blog 블로그

📮 포스트

🅕 페이스북

카카오뷰

외국어 출판 45년의 신뢰
외국어 전문 출판 그룹
동양북스가 만드는 책은 다릅니다.

45년의 쉼 없는 노력과 도전으로 책 만들기에 최선을 다해온
동양북스는 오늘도 미래의 가치에 투자하고 있습니다.
대한민국의 내일을 생각하는 도전 정신과 믿음으로 최선을 다하겠습니다.

📖 동양북스